本书出版得到中央高校基本科研业务费专项资金资助

（Supported by "the Fundamental Research Funds for the Central Universities"）

CHINA UNIVERSITY OF POLITICAL SCIENCE AND LAW LIBRARY
RESOURCES AND SERVICES REPORT 2017

# 中国政法大学图书馆
# 资源与服务报告2017

副主编◎刘鸿霞 宋姗姗 曹奇敏 王 婷

主 编◎时建中

中国政法大学出版社

2018 · 北京

图书在版编目（CIP）数据

中国政法大学图书馆资源与服务报告. 2017/时建中主编. —北京:中国政法大学出版社,2018.6
ISBN 978-7-5620-8358-0

Ⅰ.①中… Ⅱ.①时… Ⅲ.①院校图书馆－图书馆服务－研究报告－北京－2017 Ⅳ.①G258.6

中国版本图书馆CIP数据核字(2018)第141071号

---

出版者　中国政法大学出版社
地　　址　北京市海淀区西土城路25号
邮寄地址　北京100088信箱8034分箱　邮编100088
网　　址　http://www.cuplpress.com（网络实名：中国政法大学出版社）
电　　话　010-58908586(编辑部)　58908334(邮购部)
编辑邮箱　zhengfadch@126.com
承　　印　北京中科印刷有限公司
开　　本　889mm×1194mm　1/16
印　　张　8.25
字　　数　240千字
版　　次　2018年6月第1版
印　　次　2018年6月第1次印刷
定　　价　58.00元

# 中国政法大学图书馆青年创新团队项目组

**项目负责人** 刘鸿霞

**参 加 人 员** 中国政法大学图书馆青年创新学术团队成员

# 项目组成员

刘鸿霞 宋姗姗 曹奇敏 王　婷 李雪梅 武　莹 张　玲 翟羽佳 夏振华
赵　巍 陈　蕊 于　洁 张馨文 张严心 晋月培 贺博文 王思远 浦燕妮
滕　艳 于佳信 刘婉怡 王亚男 路霖钰 戚军舰 董晓姣 田云芳 李　杨

# 序　数字技术驱动大学图书馆服务能力提升

图书馆是收集、整理、保存文献信息并提供查询、借阅及相关服务的文化设施。图书馆通过保存文献亦即知识的载体，为人类保存着知识。回溯图书馆的历史，可以发现，图书馆的文献资源规模、服务模式、服务流程、组织架构乃至空间结构均与知识产品的载体形式及技术的演变密切相关。图书馆的历史演进可以概述为如下的变迁路径：由封闭到开放，由被动服务到主动合作。

在活字印刷术发明之前，只能依靠抄写来制作图书，图书馆的藏书量非常有限。例如，从公元760年开始，圣加仑修道院的修道士们就开始用羊皮纸抄写经文，以便诵读、保存和流传。到9世纪晚期，作为欧洲最古老的图书馆之一，位于瑞士东北部的圣加仑修道院图书馆积累了约300册藏书。英语library一词源于拉丁语librarium，原义即为藏书之所。即使是欧洲早期大学图书馆的规模也不大，藏书主要是靠抄写或赠送。例如，创建于1424年的剑桥大学图书馆现在是世界上最大的图书馆之一，但在建立之初只有76卷捐赠的图书。英语世界中最古老的大学——牛津大学成立于1167年，然而，其总图书馆直到1602年才正式建成于伦敦西北的牛津，藏书2000多册。早期大学图书馆的管理方式极其简单。例如，16世纪宗教改革运动之前，剑桥大学图书馆一直由大学的牧师会兼管，直到1577年才聘任了专门的图书馆员和馆长。早期图书馆的图书目录类似于财产登记簿，图书呈经台式地摆放，大部分图书都用铁锁链牵在书桌上。知识的载体被禁锢了，其应有的知识传播价值就难以得到充分实现。

随着造纸术和印刷术的发展，纸张取代了羊皮，活字印刷技术取代了抄写，对图书的生产和传播产生了革命性的影响。图书的生产和藏存服务不再合一，图书出版和图书馆分野为两个专门行业，大规模、大范围传播知识成为可能。印刷型图书的大量出版使图书馆藏书以空前的速度增加。藏书量的激增促使图书馆的管理方式日益专门化。书桌已难以容纳摆放馆内日益增多的藏书，高大的书柜取而代之。铁链加锁的图书和读经台式的书籍放置方式逐渐被废弃。大阅览室式的图书馆被分隔出众多小间。图书馆的建筑结构出现了较大的变化。图书馆的建筑设计也因此有了特殊的要求，诸如，要求图书馆采光充足，便于读者阅览；防止潮湿，利于纸质文献的保存；对图书馆尤其是书库楼板的承重也有了特别的安全标准和要求。

保存知识的载体本身并不是图书馆的最终目的。图书馆通过专业能力对图书进行系统的、科学的组织和管理，将知识信息有效地分享给读者，进而推进知识的进步才是图书馆特别是大学图书馆的使命和价值。学者们希望把图书馆变成他们学术研习的场所、学术休闲的栖息之地。大学图书馆及其保存的文献资源构成了大学的核心必要设施。由水泥钢筋建筑而成的图书馆融入了师生和校友的情感，不再冰冷。

回顾上个世纪90年代之前的国内图书馆，纸质文献是馆藏文献资源的主体，服务模式以人工为主，服务流程主要是围绕“纸质文献”与“人工服务”来设计和不断优化。不夸张地讲，这种模式甚至追溯17世纪乃至之前的图书馆。

然而，从上个世纪90年代开始，随着现代信息技术的进步，特别是移动信息技术和硬件设备的进步，尤其是近几年大数据、云计算和人工智能等技术的进步，文献资源的载体发生了前所未有的数字化变革，知识产品的提供模式发生了前所未有的变革，知识的生产模式发生了前所未有的变革，读者的阅读模式和习惯发生了前所未有的变革，读者的需求也发生了前所未有的变革。图书馆文献资源的馆藏结构及服务模式也随之开始发生着变革。尽管纸质图书依然散发着独特魅力，但是，数字化驱动发展是所有图书馆的必然选择。

因此，在做好目前工作的同时，我们有必要展望10年之后乃至20年之后大学图书馆的可能样态。坦率地讲，任何预测都难以精准，甚至失误得贻笑大方。但是，图书馆的数字化是一个不可逆转的大趋势。基于现代信息技术的发展对于知识服务的影响，对知识产品表现方式的影响，对知识产品提供方式的影响，对知识生产模式的影响，同时也基于读者的文献信息素养、信息技术素养以及阅读习惯和对文献资源的个性需求等影响，对如下问题的思考有助于对图书馆未来的展望和谋划：图书馆与知识产品生产者之间的关系会有哪些变革？图书馆与知识产品提供者之间的关系会有哪些变革？图书馆与知识产品需求者（包括知识产品的学习者和未来生产者）之间的关系会有哪些变革？这些变革，对于图书馆既是机遇也是挑战，图书馆的服务模式应该主动因应甚至引导前述系列变革。

毫无疑问，大学图书馆不同于公共图书馆。教育部于2015年印发的《普通高等学校图书馆规程》第二条明确，“高等学校图书馆是学校的文献信息资源中心，是为人才培养和科学研究服务的学术性机构，是学校信息化建设的重要组成部分，是校园文化和社会文化建设的重要基地。图书馆的建设和发展应与学校的建设和发展相适应，其水平是学校总体水平的重要标志。”数字化的文献资源内容和数字服务技术，意味着大学图书馆应该更加主动地为师生的教学科研提供文献资源服务，助推大学人才培养、科学研究、社会服务、文化传承、国际交往能力的提升。具体而言，大学图书馆应该借助数字化技术，更加主动地进行文献资源及服务的“供给侧结构性改革”，高效地供给更多的服务内容和方式，有针对性地激发、引导并满足不同类别读者对文献信息服务内容的个性需求，为读者提供个性化的精准的文献资源服务：对于学生读者，图书馆可以提供与教学过程融为一体文献资源服务，服务于学校的人才培养工作；对于学者读者，图书馆可以提供与其科研全过程融为一体的文献资源服务，通过服务学者服务科研工作、服务学科建设。

在数字化的过程中，图书馆持续生成并积累海量的读者行为数据。如何利用这些数据，发现问题进而解决问题，反映了不同的工作理念和工作目标。基于数据，可以分析馆藏文献资源对读者需求的满足程度、优化文献资源结构、合理配置资源经费比例、强化特色资源建设；可以分析不同读者对馆藏文献资源的利用情况，分析不同类别读者的文献资源需求。本校读者进出图书馆次数、在图书馆驻留时长、借阅及下载文献资源的类型、数量以及学位论文的注释和参考文献等各类行为数据，可以折射出学风、教风乃至校风。

在数字化的过程中，图书馆不断积累的校本文献资源数据持续增加，可以搭建本馆的特色资源数据库，彰显校本文献资源的特色优势和学科竞争力；图书馆还可以对既有的内外部数字资源进行不同专题类型的再生产，生成更加富有特色和针对性的数据文献资源。换言之，图书馆的数字化，还意味着图书馆有了这样的可能：不仅是文献资源接受者、储藏者、服务者，而且可以成为数字文献资源产品的再生产者。甚至，数字文献资源的再生产能力将成为图书馆的核心服务能力之一。

总之，未来的图书馆应该是一个以知识产品服务为内核的集知识产品的使用、供给、创新于一体的多边平台，链接着出版商、供应商、作者和读者，成为学术生态环境的核心部分。作为这个多边平台的运营者，图书馆与读者、供应商、出版商和作者之间不再是被动的服务关系，而是主动的合作关系。由于文献资源的数字化、服务模式的数字化以及读者行为的数字化，图书馆拥有了前所未有的积累、分析、发现和满足不同类别合作者对知识产品的使用、供给和创新的需求的能力，迎来了重新回到大学中心的机会。

中国政法大学的图书馆能否借助数字技术高效完成数字化的转型，提升服务能力，创新服务模式，最为关键的因素就是馆员队伍的素质、能力和态度。我馆全体馆员秉承艰苦奋斗的传统、爱岗敬业的精神，甘于奉献，勤于创新，乐于服务。特别是学院路校区的同事，更是顾全大局，任劳任怨。他们自2012年9月就转入科研楼地下二层甚至三层工作，在非常糟糕的工作环境下已经坚持了整整6年。我本人自2012年5月起兼任馆长，对此，我心怀歉意。我期盼着我的这些同事早一天像其他部门的同事一样，能够在工作时间享受一丝阳光，即使不一定和煦充沛；能够呼吸着地面之上的空气，即使有时候PM2.5的浓度令人窒息。我馆有一支充满了活力的年轻队伍，他们有着良好的教育背景，有着美好的职业向往，有着奉献于大学图书馆事业的愿望。为了持续打造一支能够主动迎接图书馆数字化挑战的馆员队伍，图书馆大力支持刘鸿霞作为团队负责人，携宋姗姗、曹奇敏作为核心成员，吸收了本馆近年新入职的全体新同事组成图书馆青年创新团队，在学校的支持下，围绕现代信息技术背景下大学图书馆的转型进行研究，服务于本馆的工作。创新团队自组建以来，就高效地开展多方面研究工作。这次出版的《法律文献信息检索理论与实例研究》与《中国政法大学图书馆资源与服务报告2017》是创新团队的阶段性成果，展示了这一团队职业能力、职业精神和职业向往。《法律文献信息检索理论与实例研究》是文献信息素养教育新的探索，探索新的内容、新的方法，适应读者的新需求。《中国政法大学图书馆资源与服务报告2017》从文献资源和读者行为两个主要的维度，对本馆资源与服务数据、读者行为数据进行了颇有新意的深度挖掘与分析。对于《报告》所提改进工作的建议，我照单接收；对团队的工作作风和成效，我深感欣慰。只有深入挖掘并分析各类乃至每一种文献资源与各类乃至每一个读者的相关性，才能够不断优化馆藏文献资源的结构、优化图书馆的服务流程、优化图书馆的内部治理结构，不断创新服务模式，图书馆作为“学校的文献信息资源中心，是为人才培养和科学研究服务的学术性机构”的定位方可名至实归，并下自成蹊。

对于中国政法大学而言，图书馆青年创新团队的许多工作是探索性质的，作为一位兼任馆长，奉行“包容审慎”的态度对待创新团队的工作和工作成果，应该就是对这一团队的最大支持！

时建中

2018年6月27日

于蓟门桥校区老三号楼116室

# 前　言

中国政法大学图书馆青年创新团队是第五批中国政法大学青年教师学术创新团队之一。该团队成员来自图书馆的各个业务部门，是图书馆工作业务骨干和核心人员，且成员专业涵盖计算机科学与技术、图书情报、信息资源管理、档案学、法学等相关学科。《中国政法大学图书馆资源与服务报告 2017》是在中国政法大学图书馆青年创新团队完成的四个研究报告基础上形成的一项研究成果。

借助数据及其统计分析来提高图书馆管理与服务水平是近年来中国政法大学图书馆的重点工作。图书馆通过馆藏资源利用的分析报告对图书馆馆藏发展、藏书布局、流通借阅规则设置、服务人员配置提供参考，更好地满足读者的需求。同时客观掌握读者需求和阅读偏好，及时调整馆藏政策、优化服务模式，更好地为我校师生教学科研提供优质和个性化服务。

信息作为当前社会最活跃、最先进、最有发展前景的因素，信息素养直接体现的是人们的自主学习能力。通过对信息素养的调查和分析，我们不仅能够直观地感受到高校师生整体的信息素养实际状况，更重要的是能够引起师生和学校两方面的关注。对于师生而言，要注重加强信息意识和提高信息获取能力；对于学校而言，要高度重视信息素养教育，将其列为与学科教育同等重要的地位。

随着新时代科学技术水平的不断发展，信息资源的不断丰富，图书馆用户的需求不断变化发展，图书馆的功能也应随之不断地延伸和拓展。无论信息技术如何变换，满足“用户需求”是图书馆不变的追求。

《中国政法大学图书馆资源与服务报告 2017》共包含四个报告：

《图书馆馆藏资源利用报告》主要是对 2017 年图书馆馆藏资源、读者进馆、纸质图书借阅、自助服务等方面的情况进行汇总，同时采用数据与图表相结合的方式进行多维度的分析，深入挖掘全校师生整体的阅读倾向和不同层次读者的阅读特色。通过调查报告的数据分析，客观地掌握读者需求和阅读偏好，及时调整馆藏政策、优化服务模式，更好地为我校师生教学科研提供优质和个性化服务。

《信息素养与人才培养过程质量分析报告》是通过对师生信息素养进行问卷调查，具体从信息意识、信息技能及信息道德三个方面进行分析，并围绕本校图书馆利用情况及图书馆在信息素养培育方面的辅助作用进行调查。通过对调查结果进行分析研究，探求解决问题的方法，从而为高校信息素养教育提供借鉴作用。

《中国政法大学图书馆博硕士论文分析报告》是对我校 2015~2017 年博硕士论文提交情况，博硕论文数据库的使用情况，中国知网收录的我校博硕士毕业学位论文的下载量和被引量情况进行分析，客观反映了我校博硕研究生的学术研究的领域和兴趣，以及人才培养质量。

《中国政法大学图书馆用户满意度调查分析报告》是根据用户对图书馆在办馆条件、文献资源建设、网络化与数字化建设、读者服务、科学管理五个维度的满意度汇总，采用图表、数据等形式进行定量分析和交叉分析，总结了图书馆服务中存在的问题，分析读者的实际需求，针对借阅环境、资源、服务、制度等提出了相应的建议。

在过去的一年中，参加本书编写的青年创新团队的同事们，为了给读者提供一份高质量的报告，在确保完成日常工作的前提下，每个成员都以认真细致的态度和专业的精神撰写自己负责的研究任务。

本报告得以顺利完成，得到了中国政法大学图书馆各位领导和图书馆各部门其他各位同仁的大力支持和帮助，在此表示衷心的感谢。

感谢中国政法大学出版社的同事，正是他们的辛勤付出，使此书得以早日问世。

限于我们的学识和水平，本书定有许多错谬之处，敬请读者批评指正。

刘鸿霞

2018年6月27日

于小月河畔

# 目　录
CONTENTS

# 第一篇 中国政法大学图书馆资源与服务概览

中国政法大学图书馆是新中国成立后国内最早建立的以政治法律资料信息为重点的高校图书馆。其前身是1952年成立的北京政法学院图书馆。1978年学校复办后发展至今，是全国政法院校图书馆协作委员会主任馆，中国高等教育文献保障系统成员馆。

## 一、馆舍

中国政法大学图书馆由学院路校区图书馆和昌平校区图书馆两个分馆组成，昌平校区图书馆有文渊阁和法渊阁两个馆舍。图书馆总面积为20 390平方米。图书馆采用开放的借、阅、藏合一的管理模式，共有10余个阅览室，可为读者提供阅览座位1500余个；电子阅览采取分散式管理，250多台电脑分布在图书馆各个阅览室供读者免费使用。两校区馆藏图书可通借通还。阅览室每周开放94小时，自习室每周开放112小时，网络资源全年每天24小时不间断服务。

## 二、图书文献分类标准及图书排架体系

图书馆主要采用《中国图书馆分类法》（简称《中图法》）和《中国人民大学图书馆分类法》（简称《人大法》）类分文献资料。2002年（含）以前入藏的图书采用《人大法》分类排架，2003年（含）以后入藏的图书采用《中图法》分类排架。

## 三、馆藏资源

截至2016年年底我校图书馆及各院系所资料室拥有的纸质图书达238.6万册，电子图书种数243.2万种，拥有计算机350台。目前可供师生检索与利用的电子资源有几十种（在校园网IP范围内的任一台电脑都可以直接使用图书馆的电子资源，无需用户名和密码）。

常用的中文电子资源有：中国知网CNKI系列、万方数字资源系列、读秀学术搜索、百链云图书馆、人大复印资料及其他数据库、超星数字图书馆、中华数字书苑、方正电子图书、中国资讯行、中文社会科学引文索引（CSSCI）、北大法宝（中国法律检索系统）、万律中国（Westlaw China）数据库、民国时期期刊全文数据库（1911年~1949年）、晚清期刊全文数据库、中国政法大学卓越法律人才学习平台、NoteExpress文献管理软件、慧科新闻数据库、新东方网络课程多媒体数据库、元照月旦法学知识库等。

常用的外文电子资源有：EBSCOhost全文数据库、Westlaw Next数据库、LexisNexis法律资料库、HeinOnline数据库、JSTOR西文过刊库、JSTOR电子书、MyiLibrary电子书、Kluwer Arbitration仲裁库、SAGE

回溯期刊数据库、SAGE Journals 期刊数据库、《海牙国际法演讲集》网络版、NSTL 全国开通电子资源、ProQuest 学位论文全文数据库、剑桥期刊回溯库、OCLC FirstSearch 数据库、世界贸易法数据库（World Trade Law Net）、国家图书馆 Emerald 回溯内容全国在线，部分外文原版纸质期刊的电子版本合集（主要包含的刊物有 *International Journal of Comparative and Applied Criminal Justice*，*American Journal of International Law*，*Journal of Asian Studies* 等）等。

中国政法大学图书馆的馆藏特色资源主要有：沈家本木刻、中国政法大学政治学参考文献、法学文献题录索引、中国法律法规大典、《法律评论》周刊等。

## 四、读者服务概况

图书馆为读者提供的服务主要包括：电话咨询、QQ 咨询、BBS 咨询、邮件咨询、自助服务、用户培训、馆刊馆讯、CALIS 联合目录公共检索目录、微信服务、远程访问、论文提交、查收查引、图书捐赠、原文传递、馆际互借、图书馆记忆等。

自助服务主要包含：自助借还服务、图书馆座位预约、自助打印与扫描服务。

用户培训的服务内容主要包含：开设《文献信息检索与论文写作》课程，每学期举办图书馆资源与服务利用专题讲座，每学期举办数据库宣传月等。

第二篇

# 中国政法大学图书馆馆藏资源利用报告

《图书馆馆藏资源利用报告》主要是对我校 2017 年图书馆馆藏资源、读者进馆、纸质图书借阅、自助服务等方面的情况进行汇总，同时采用数据与图表相结合的方式进行多维度的分析，深入挖掘全校师生整体的阅读倾向和不同层次读者的阅读特色。通过分析调查报告的数据，客观地掌握读者的需求和阅读偏好，及时调整馆藏政策、优化服务模式，更好地为我校师生教学科研提供优质和个性化服务。

图书分类标准

我馆目前主要采用《中国图书馆分类法》（简称《中图法》）和《中国人民大学图书馆分类法》（简称《人大法》）进行图书分类。2002 年（含）以前入藏的图书采用《人大法》分类排架，2003 年（含）以后入藏的图书采用《中图法》分类排架。

## I. 中图法

《中国图书馆分类法》，包括马列主义、毛泽东思想、哲学、社会科学、自然科学、综合性图书五大部类，22 个基本大类，具体情况见下表。

中图法

| 类号 | 类名 |
| --- | --- |
| A | 马克思主义、列宁主义、毛泽东思想、邓小平理论 |
| B | 哲学、宗教 |
| C | 社会科学总论 |
| D | 政治法律 |
| E | 军事类 |
| F | 经济 |
| G | 文化、科学、教育、体育 |
| H | 语言、文字 |
| I | 文学 |
| J | 艺术 |
| K | 历史、地理 |
| N | 自然科学总论 |

续表

| 类号 | 类名 |
| --- | --- |
| O | 数理科学和化学 |
| P | 天文学、地球科学 |
| Q | 生物科学 |
| R | 医药、卫生 |
| S | 农业科学 |
| T | 工业技术 |
| U | 交通运输 |
| V | 航空、航天 |
| X | 环境科学、安全科学 |
| Z | 综合性图书 |

## II. 人大法

《中国人民大学图书馆图书分类法》，设立了总结科学、社会科学、自然科学、综合图书等四大部类，总共 17 个大类。具体情况见下表。

**人大法**

| 类号 | 类名 |
| --- | --- |
| 1 | 马克思主义、列宁主义、毛泽东思想 |
| 2 | 哲学 |
| 3 | 社会科学政治 |
| 4 | 经济 |
| 5 | 军事 |
| 6 | 法律 |
| 7 | 文化、教育、科学、体育 |
| 8 | 艺术 |
| 9 | 语言、文字 |
| 10 | 文学 |
| 11 | 历史 |
| 12 | 地理 |
| 13 | 自然科学 |
| 14 | 医药卫生 |
| 15 | 工程技术 |
| 16 | 农业科学 |
| 17 | 综合参考 |

## 一、馆藏基本情况

数据说明：

（1）数据来源于汇文文献信息服务系统统计模块。

（2）数据范围截至2017年12月31日。

### （一）馆藏文献类型分布

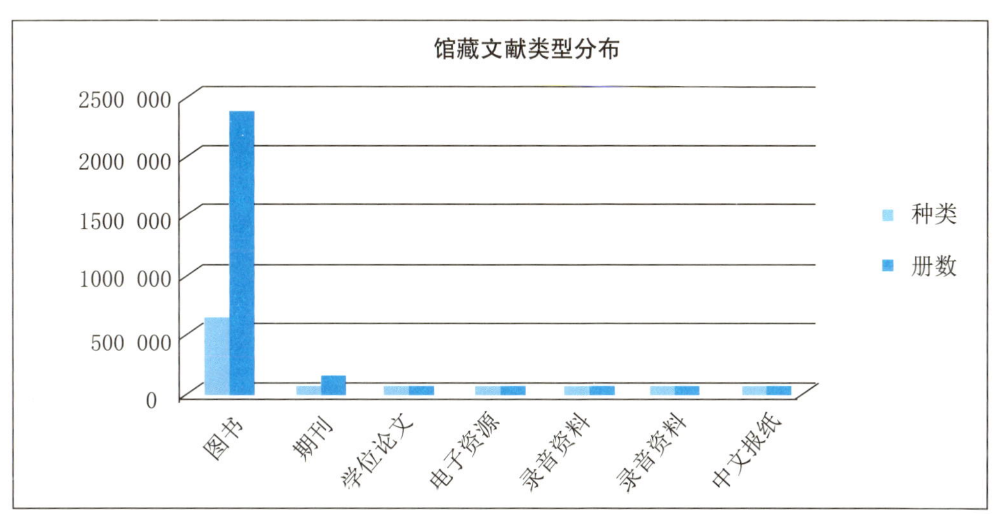


| 文献类型 | 图书 | 期刊 | 学位论文 | 电子资源 | 录音资料 | 录像资料 | 中文报纸 | 总计 |
|---|---|---|---|---|---|---|---|---|
| 种数 | 587 156 | 5062 | 3867 | 380 | 229 | 37 | 10 | 596 741 |
| 册数 | 2 330 175 | 102 304 | 7534 | 2716 | 1155 | 262 | 526 | 2 444 672 |

截至2017年底，我馆保有馆藏文献59.6万种，244万册。其中图书58.7万种，约233万册；期刊5062种，10.23万册。图书和期刊的保存量（按册）占到全部馆藏总量的99.5%。其中学位论文3867种，7534册。

### （二）馆藏中外文文献分布

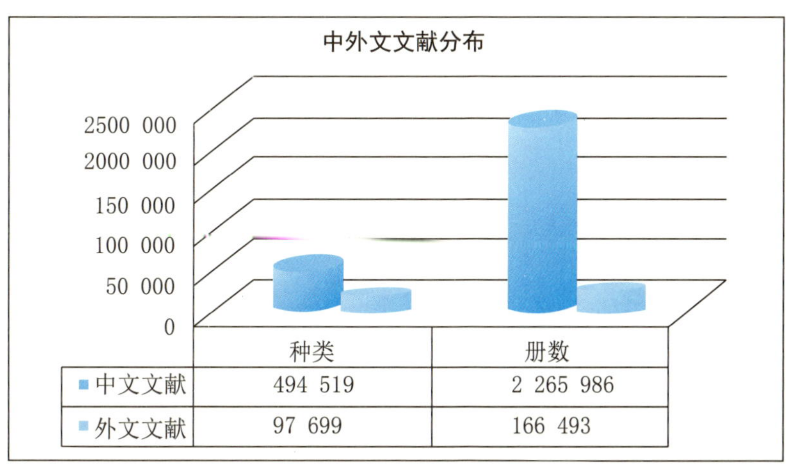


| | 种类 | 册数 |
|---|---|---|
| 中文文献 | 494 519 | 2 265 986 |
| 外文文献 | 97 699 | 166 493 |

我馆馆藏文献中，中文文献共计 49. 4 万种，约 226 万册；外文文献共计 9. 7 万种，16. 6 万册。按种数来看，中文文献占全馆文献的 83. 5%，外文占 16. 5%；按照册数来看，中文文献占全馆文献的 93. 1%，外文占 6. 9%。

### （三）馆藏文献语种分布

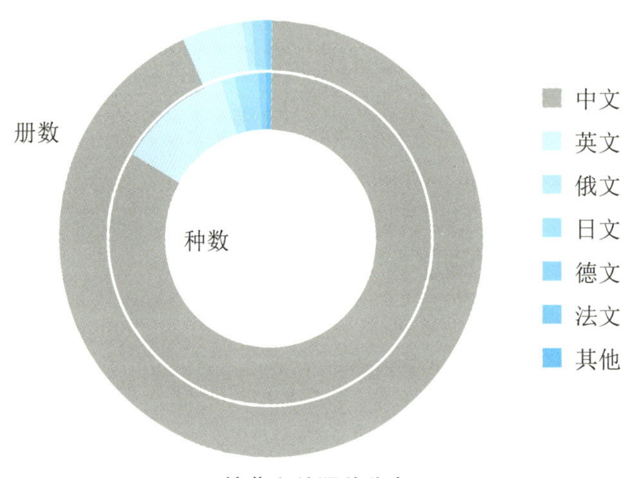


馆藏文献语种分布

| 语种 | 种数 | 册数 | 种（%） | 册（%） |
|---|---|---|---|---|
| 中文 | 494 519 | 2 265 986 | 83. 5% | 93. 2% |
| 英文 | 67 397 | 115 504 | 11. 4% | 4. 8% |
| 俄文 | 7655 | 15 604 | 1. 3% | 0. 6% |
| 日文 | 15 634 | 24 821 | 2. 6% | 1. 0% |
| 德文 | 3835 | 5137 | 0. 7% | 0. 2% |
| 法文 | 1388 | 2655 | 0. 2% | 0. 1% |
| 其他 | 1790 | 2772 | 0. 3% | 0. 1% |
| 合计 | 592 218 | 2 432 479 | 100. 0% | 100. 0% |

馆藏文献按语种统计，中文文献共计 49. 4 万种，约 226 万册，中文文献按种数占全馆文献的 83. 5%，按册数占全馆文献的 93. 2%。英文文献 6. 7 万种，约 11. 55 万册，中英文文献合计占到全馆文献种数的 94. 9%，册数的 98. 0%。其他外文图书中，日文图书的种数和册数最多，约 1. 56 万种，2. 48 万册，俄文次之，约 7000 多种，1. 56 万册。

## （四）外文文献语种分布

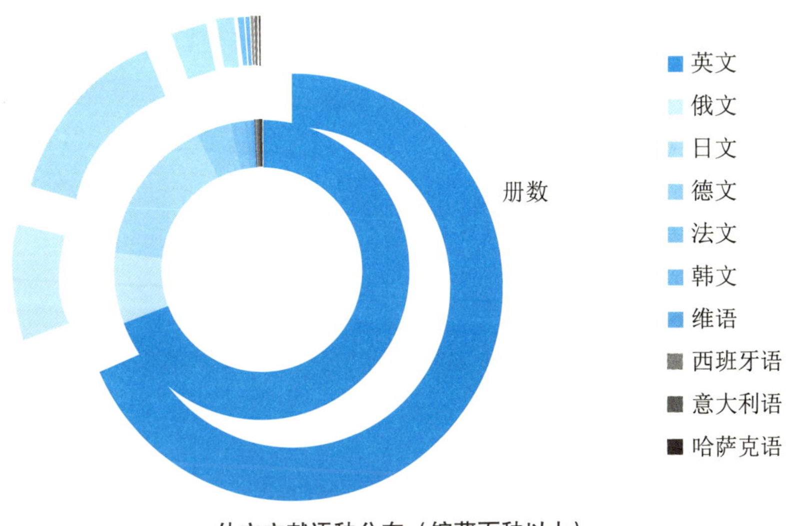


外文文献语种分布（馆藏百种以上）

在馆藏的外文文献中，除了英文、日文、俄文之外，在小语种中，德文、法文、韩文、维语、西班牙语、意大利语和哈萨克语的馆藏保有量相对较多，种数超过百种。这部分图书在外文文献中按种数和册数来看均可以占到99.8%。另外一些小语种，蒙古语、葡萄牙语、越南语、土耳其语、捷克语等馆藏不到百种，种数和册数均只占到全部外文文献的0.2%左右。

| 馆藏百种以上外文图书 | | | | |
|---|---|---|---|---|
| 语种 | 种数 | 册数 | 种数（%） | 册数（%） |
| 英文 | 67 397 | 115 504 | 69.0% | 69.4% |
| 俄文 | 7655 | 15 604 | 7.8% | 9.4% |
| 日文 | 15 634 | 24 821 | 16.0% | 14.9% |
| 德文 | 3835 | 5137 | 3.9% | 3.1% |
| 法文 | 1388 | 2655 | 1.4% | 1.6% |
| 韩文 | 558 | 881 | 0.6% | 0.5% |
| 维语 | 407 | 465 | 0.4% | 0.3% |
| 西班牙语 | 243 | 336 | 0.3% | 0.2% |
| 意大利语 | 209 | 586 | 0.2% | 0.4% |
| 哈萨克语 | 164 | 205 | 0.2% | 0.1% |

| 馆藏不到百种的外文图书 | | | | |
|---|---|---|---|---|
| 语种 | 种数 | 册数 | 种数（%） | 册数（%） |
| 蒙古语 | 43 | 46 | 0.04% | 0.03% |
| 葡萄牙语 | 29 | 33 | 0.03% | 0.02% |
| 越南语 | 22 | 23 | 0.02% | 0.01% |

续表

| 馆藏不到百种的外文图书 | | | | |
|---|---|---|---|---|
| 土耳其语 | 18 | 18 | 0.02% | 0.01% |
| 捷克语 | 15 | 27 | 0.02% | 0.02% |
| 阿拉伯语 | 13 | 30 | 0.01% | 0.02% |
| 波兰语 | 10 | 12 | 0.01% | 0.01% |
| 乌克兰语 | 10 | 12 | 0.01% | 0.01% |
| 印尼语 | 8 | 9 | 0.01% | 0.01% |
| 荷兰语 | 7 | 7 | 0.01% | 0.00% |
| 保加利亚语 | 4 | 4 | 0.00% | 0.00% |
| 匈牙利语 | 4 | 4 | 0.00% | 0.00% |
| 拉丁文 | 3 | 3 | 0.00% | 0.00% |
| 塞尔语 | 1 | 1 | 0.00% | 0.00% |
| 南非荷兰语 | 1 | 1 | 0.00% | 0.00% |
| 波斯尼亚语 | 1 | 1 | 0.00% | 0.00% |

## （五）新增图书按类别分布

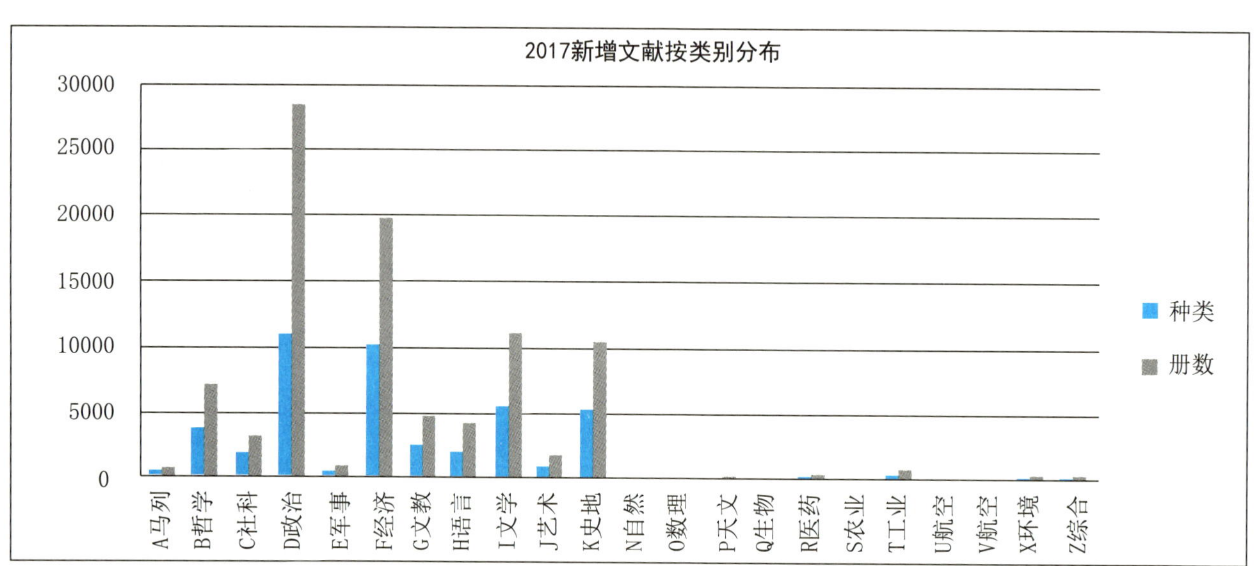


数据说明：新增文献数据范围为2017年

| 类别 | A 马列 | B 哲学 | C 社科 | D 政治 | E 军事 | F 经济 | G 文教 | H 语言 | I 文学 | J 艺术 | K 史地 |
|---|---|---|---|---|---|---|---|---|---|---|---|
| 种数 | 360 | 3763 | 1748 | 10 832 | 457 | 10 068 | 2511 | 2089 | 5437 | 893 | 5207 |
| 册数 | 723 | 7179 | 3220 | 28 380 | 864 | 19 813 | 4861 | 4158 | 11 165 | 1736 | 10 400 |
| 种（%） | 0.80% | 8.41% | 3.91% | 24.21% | 1.02% | 22.51% | 5.61% | 4.67% | 12.15% | 2.00% | 11.64% |
| 册（%） | 0.76% | 7.55% | 3.39% | 29.86% | 0.91% | 20.84% | 5.11% | 4.37% | 11.75% | 1.83% | 10.94% |

续表

| 类别 | N 自然 | O 数理 | P 天文 | Q 生物 | R 医药 | S 农业 | T 工业 | U 交通 | V 航空 | X 环境 | Z 综合 |
|---|---|---|---|---|---|---|---|---|---|---|---|
| 种数 | 72 | 81 | 84 | 54 | 182 | 24 | 421 | 16 | 4 | 187 | 245 |
| 册数 | 130 | 154 | 170 | 96 | 300 | 45 | 793 | 33 | 7 | 365 | 465 |
| 种（%） | 0.16% | 0.18% | 0.19% | 0.12% | 0.41% | 0.05% | 0.94% | 0.04% | 0.01% | 0.42% | 0.55% |
| 册（%） | 0.14% | 0.16% | 0.18% | 0.10% | 0.32% | 0.05% | 0.83% | 0.03% | 0.01% | 0.38% | 0.49% |

2017 年新增馆藏文献 44 784 种、95 134 册，比 2016 年新增 11 737 种，21 717 册。新增馆藏平均每种 2.1 册，最多的为 D 类（政治法律），平均每种 2.62 册；最少的 V 类（航空航天），平均每种 1.75 册。新增馆藏数量排名前五的分别是政治法律、经济类、文学类、历史地理类、哲学类共占据全馆馆藏的 78.9%。

## 二、进馆情况

数据说明：

（1）门禁系统的“可选类型”按照如下规则选取：

本科生：本科生、双学士、双学位、双学位（4+2）

硕士生：法律硕士、硕士研究生、研究生

博士生：博士、博士后、博士研究生

教职工：编外人员、初级职称、访问学者、副高职称、干部、工人、教工、教师、人才派遣、正高职称、中级职称

其他：“可选类型”选择除以上之外的所有类型，也可通过总人次减去以上各类型进馆人次得出。

（2）数据范围截至 2017 年 12 月 31 日。

### （一）当年进馆人次

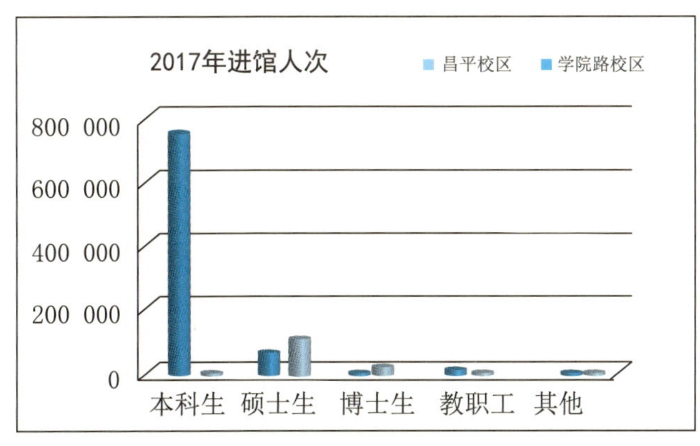


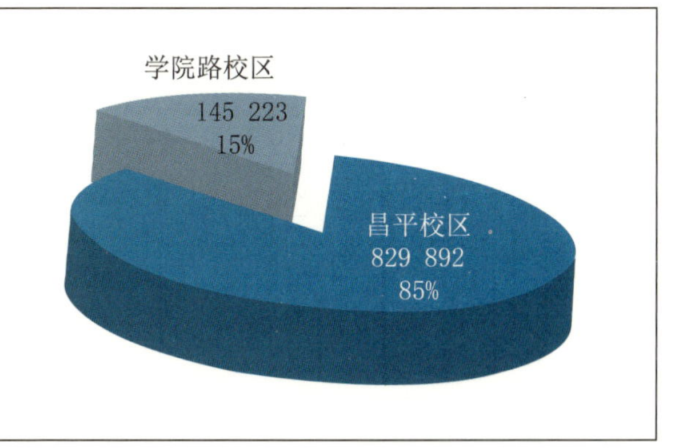


| 2017 年 | 本科生 | 硕士生 | 博士生 | 教职工 | 其他 |
|---|---|---|---|---|---|
| 昌平校区 | 751 157 | 59 076 | 867 | 13 023 | 5769 |
| 学院路校区 | 5960 | 118 860 | 14 594 | 4285 | 1524 |

从 2017 全年的进馆数据看，本科生进馆人次远远大于硕士、博士生的进馆人次；昌平校区的进馆人次远远大于学院路校区的进馆人次。学院路校区的图书馆环境问题在一定程度上影响了学院路图书馆的进馆人次。但学院路校区图书馆的工作人员努力创新服务，以软件环境的加强弥补硬件环境的不足，比较 2016 年的两校区进馆人次比例，2017 年学院路校区进馆人次占到总人次的 15%，比上年度提高了 4 个百分点。

### （二）历年进馆人次

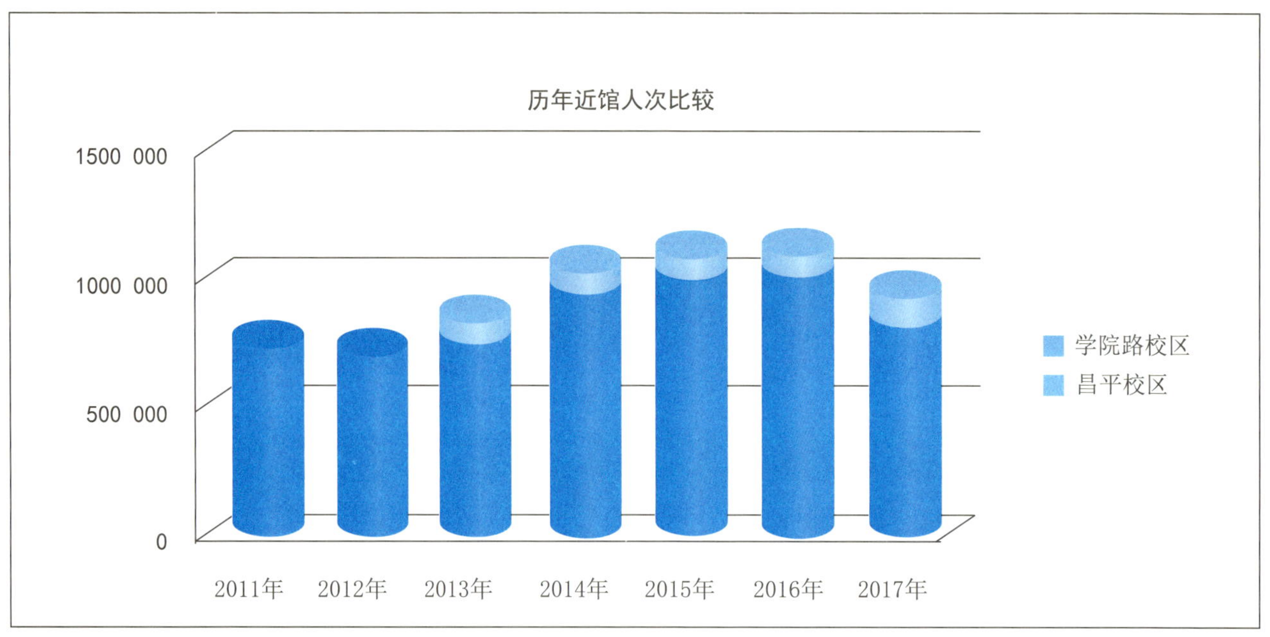


| | 2011 年 | 2012 年 | 2013 年 | 2014 年 | 2015 年 | 2016 年 | 2017 年 |
|---|---|---|---|---|---|---|---|
| 昌平校区 | 780 256 | 728 467 | 810 436 | 948 150 | 998 311 | 1 010 217 | 829 892 |
| 学院路校区 | —— | —— | 46 875 | 114 368 | 124 415 | 125 296 | 145 223 |
| 总人次 | 780 256 | 728 467 | 857 311 | 1 062 518 | 1 122 726 | 1 135 513 | 975 115 |

从 2011 年起，图书馆的进馆总人次基本处于上升状态。2014 年 4 月，由于昌平校区启用了占座管理系统，方便了学生的学习，提高了学生入馆的积极性，当年昌平校区的进馆人次有大幅的增长。

2017 年进馆总人次有了一些下降，但学院路校区的进馆人次有了明显的提升。一方面由于采用了 RFID 等新技术，提高了借还效率；另一方面，学院路校区的馆员老师努力加强业务学习，多次举办各种图书推广活动，提升了自己的服务水平。

单从教职工群体来看，近三年教职工的进馆人次呈现上升状态。教学机构的教师进馆人次相比校部机关和科研机构的教师而言较高。2017 年，教学机构的教师进馆人次比 2016 年有所增加，但科研机构和校部机关的教师进馆人次略有降低。

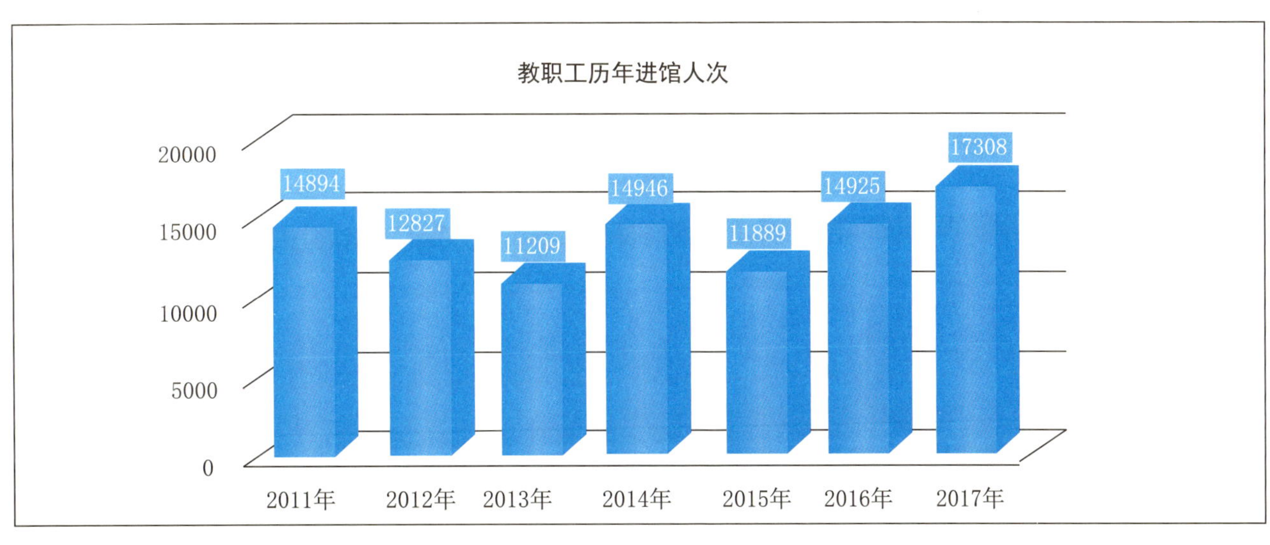


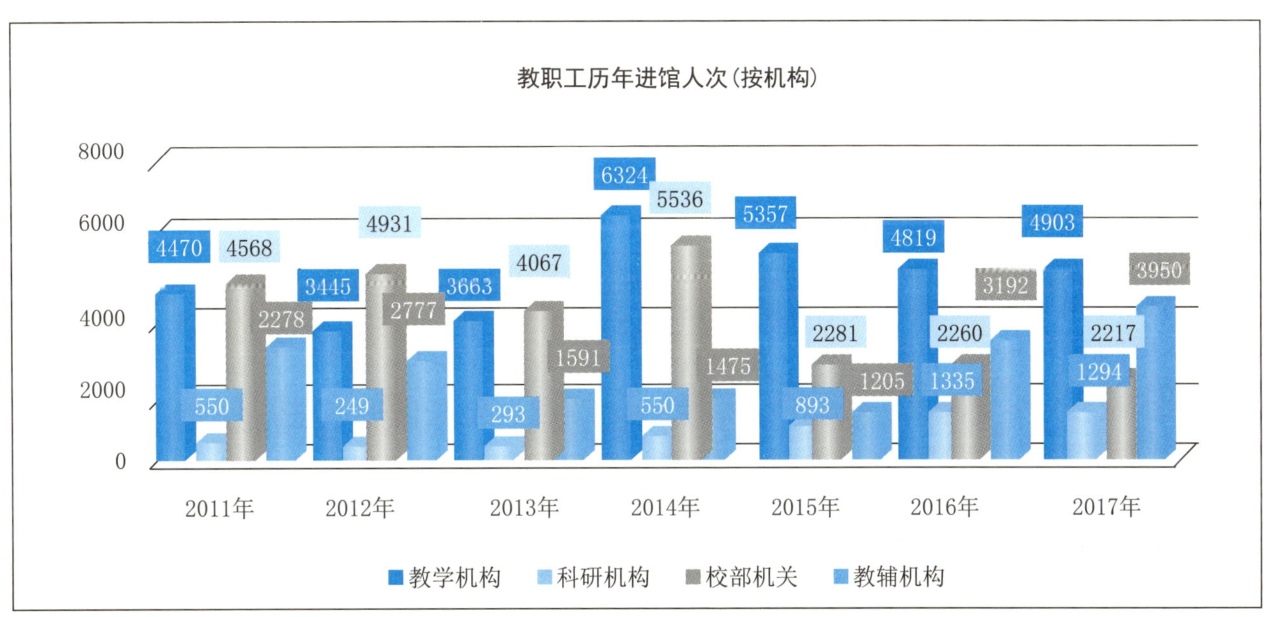


| | 2011 年 | 2012 年 | 2013 年 | 2014 年 | 2015 年 | 2016 年 | 2017 年 |
|---|---|---|---|---|---|---|---|
| 教学机构 | 4470 | 3445 | 3663 | 6324 | 5357 | 4819 | 4903 |
| 科研机构 | 550 | 249 | 293 | 550 | 893 | 1335 | 1294 |
| 校部机关 | 4568 | 4931 | 4067 | 5536 | 2281 | 2260 | 2217 |
| 教辅机构 | 2278 | 2777 | 1591 | 1475 | 1205 | 3192 | 3950 |

（三）进馆人次日情况

两校区每日人次统计（2015年）
昌平校区
学院路校区
7000
6000
5000
4000
3000
2000
1000
0
2015-1-1
2015-2-1
2015-3-1
2015-4-1
2015-5-1
2015-6-1
2015-7-1
2015-8-1
2015-9-1
2015-10-1
2015-11-1
2015-12-1

两校区每日人次统计（2016年）
昌平校区
学院路校区
6000
5000
4000
3000
2000
1000
0
2016-1-1
2016-2-1
2016-3-1
2016-4-1
2016-5-1
2016-6-1
2016-7-1
2016-8-1
2016-9-1
2016-10-1
2016-11-1

两校区每日人次统计（2017年）
昌平校区
学院路校区
6000
5000
4000
3000
2000
1000
0
2017-01-01
2017-02-01
2017-03-01
2017-04-01
2017-05-01
2017-06-01
2017-07-01
2017-08-01
2017-09-01
2017-10-01
2017-11-01
2017-12-01

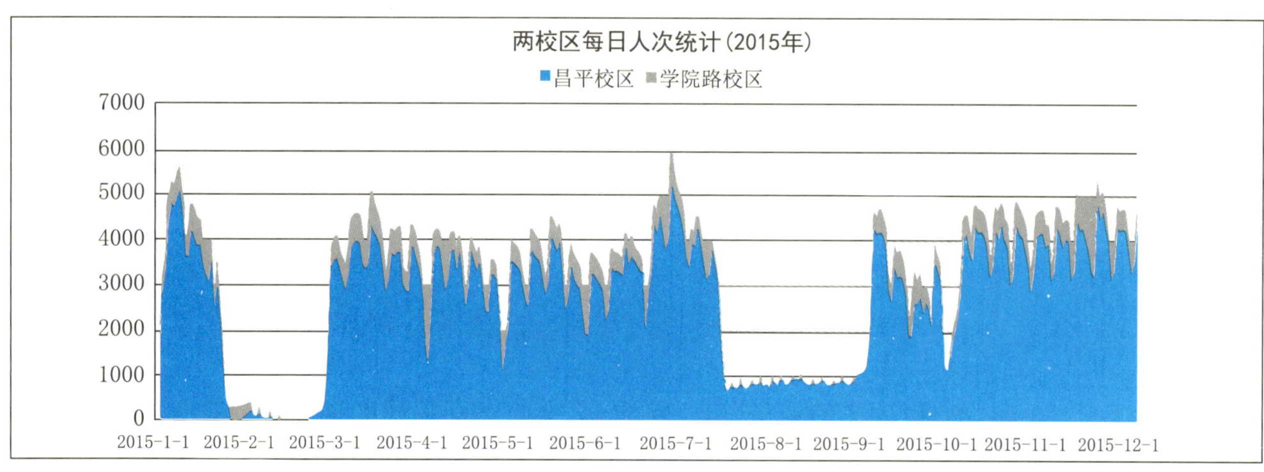

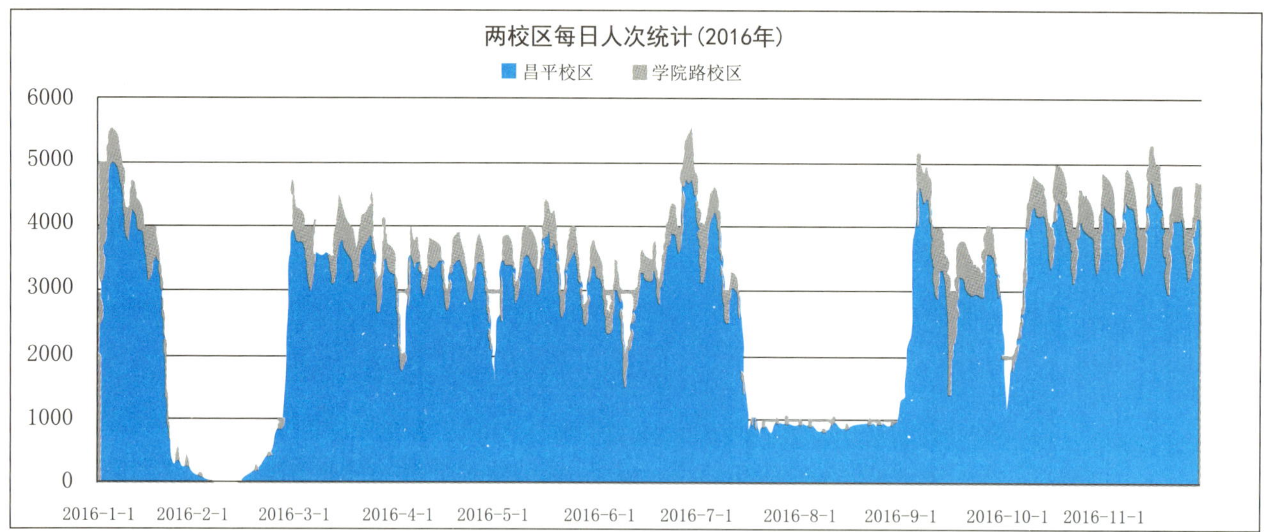

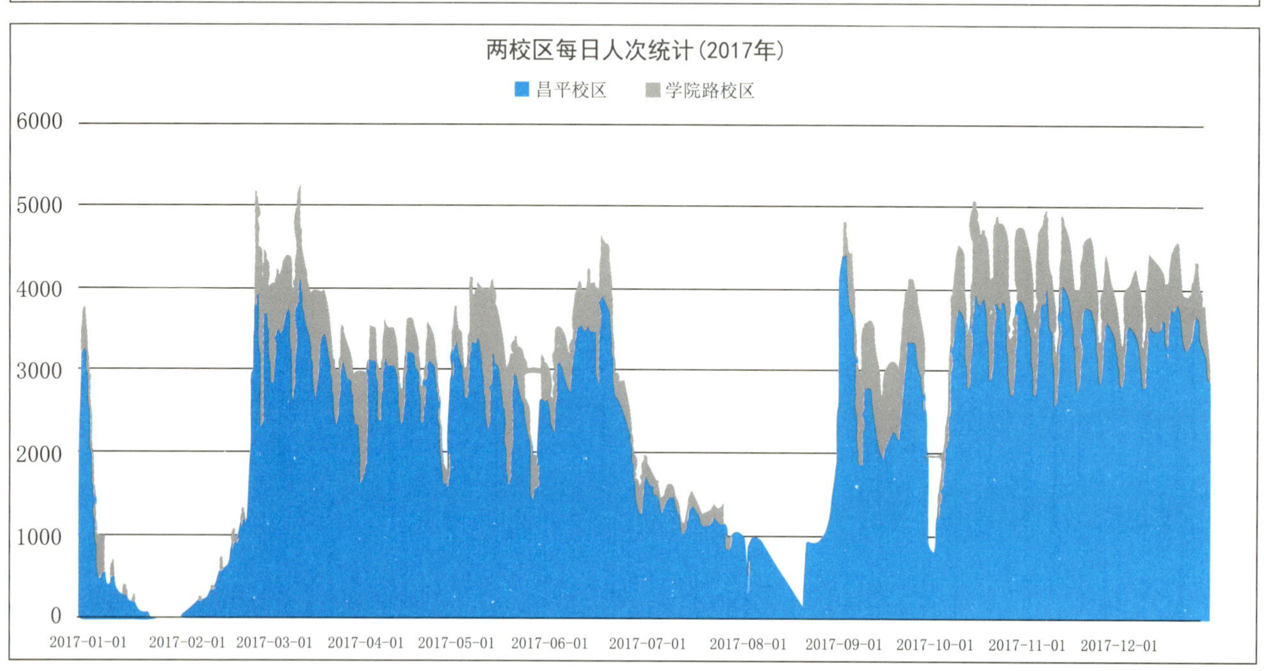

从2015年、2016年和2017年连续三年的日进馆人次情况来看，每年年初、年末考试期间到馆人数最多。2017年昌平校区峰值4641人次（2月27日星期一），较2015年昌平校区峰值5294人次（6月29日星期一），以及2016年昌平校区峰值5012人次（1月5日星期二）均有所减少；学院路校区峰值1063人次（10月24日星期二），相比较2015年学院路校区峰值845人次（6月29日星期一），以及2016年学院路校区峰值903人次（6月29日星期三）均有所上升。

## （四）进馆人数

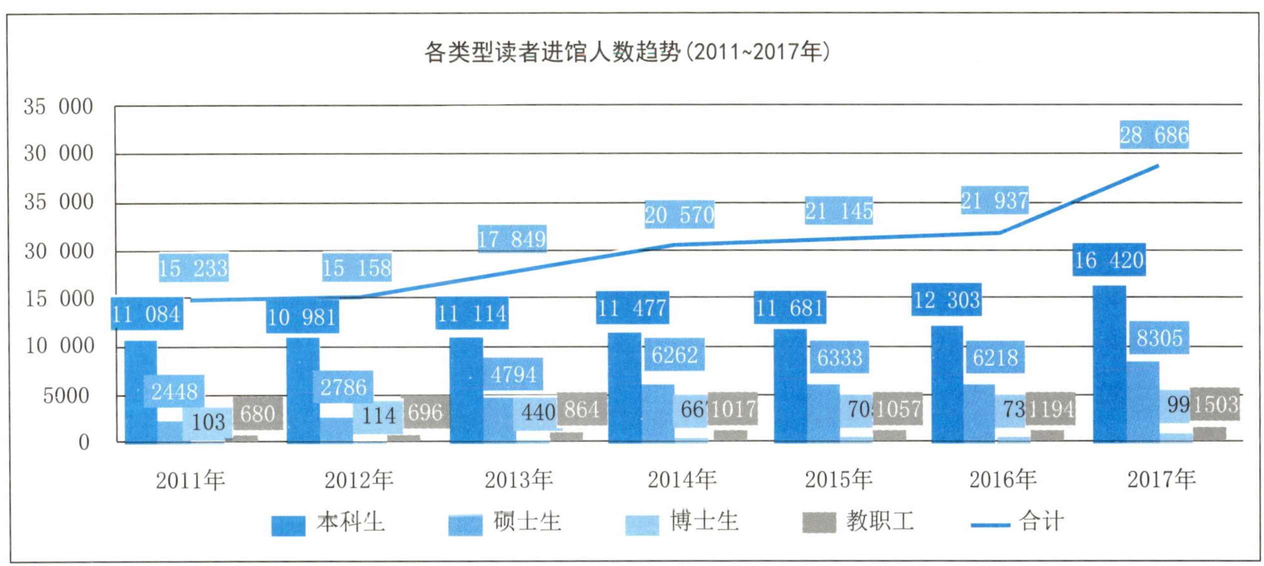


| | 2011年 | 2012年 | 2013年 | 2014年 | 2015年 | 2016年 | 2017年 |
|---|---|---|---|---|---|---|---|
| 本科生 | 11 084 | 10 981 | 11 114 | 11 477 | 11 681 | 12 303 | 16 420 |
| 硕士生 | 2448 | 2786 | 4794 | 6262 | 6333 | 6218 | 8305 |
| 博士生 | 103 | 114 | 440 | 661 | 709 | 734 | 991 |
| 教职工 | 680 | 696 | 864 | 1017 | 1057 | 1194 | 1503 |
| 其他 | 918 | 581 | 637 | 1153 | 1365 | 1488 | 1467 |
| 合计 | 15 233 | 15 158 | 17 849 | 20 570 | 21 145 | 21 937 | 28 686 |

自2011年起，进馆人数总数逐年增加，各类型读者的进馆人数也呈一个逐年增加的态势。由于2013年下半年学院路才启用图书馆门禁统计，因此，硕士生、博士生的进馆人数在2013年有一个显著的增高。

比较2016年的进馆人数，在2017年本科生的进馆人数增长了33.5%；硕士生的进馆人数增长了33.6%；博士生进馆人数增长了35.0%；教职工进馆人数增长了25.9%。

### （五）各类型读者进馆比例

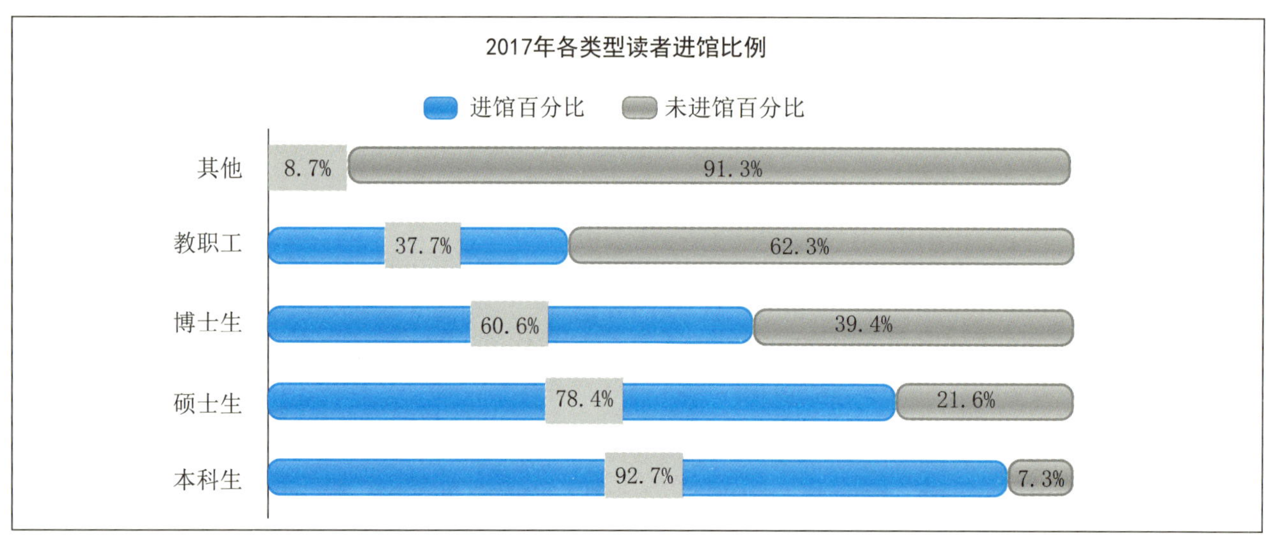


| 2017 年 | 本科生 | 硕士生 | 博士生 | 教职工 | 其他 |
|---|---|---|---|---|---|
| 各类读者人数 | 12 535 | 8505 | 1238 | 2079 | 1002 |
| 进馆人数 | 11 620 | 6664 | 750 | 783 | 87 |
| 进馆比例 | 92.7% | 78.4% | 60.6% | 37.7% | 8.7% |
| 未进馆比例 | 7.3% | 21.6% | 39.4% | 62.3% | 91.3% |

2017 年，包括教师、学生、职工、临时人员等在内的全体读者的进馆比为 78.5%。其中，本科生的进馆比例最高，可以达到 92.7%，教职工的进馆比例最低，仅为 37.7%。

从学生进馆数据可以看出，随着学历的增加进馆百分比在减少。但由于我校的客观环境原因，本科生在昌平校区，硕士、博士研究生在学院路校区。一方面，昌平校区拥有较多的自习室，并配合有座位管理系统进行科学合理的管理，能够吸引学生前去自习；另一方面，硕士、博士研究生所在的学院路校区，馆舍正在重建中，图书馆暂时在地下办公，环境不好，没有自习室，在一定程度上影响了硕士、博士学生的进馆比例。

单从教职工群体的部门来看，教学机构与科研机构的教职工的进馆比例高于校部机关教职工的进馆比例：教学机构的进馆比例为 40.8%；科研机构为 49.8%；校部机关为 31.0%。

在教学机构中，法律硕士学院、中欧法学院和马克思主义学院的教职工群体的进馆百分比最高，分别为 70.0%、66.7%、52.3%。而体育教学部和继续教育学院教职工的进馆百分比最低，分别为 14.3% 和 26.9%。

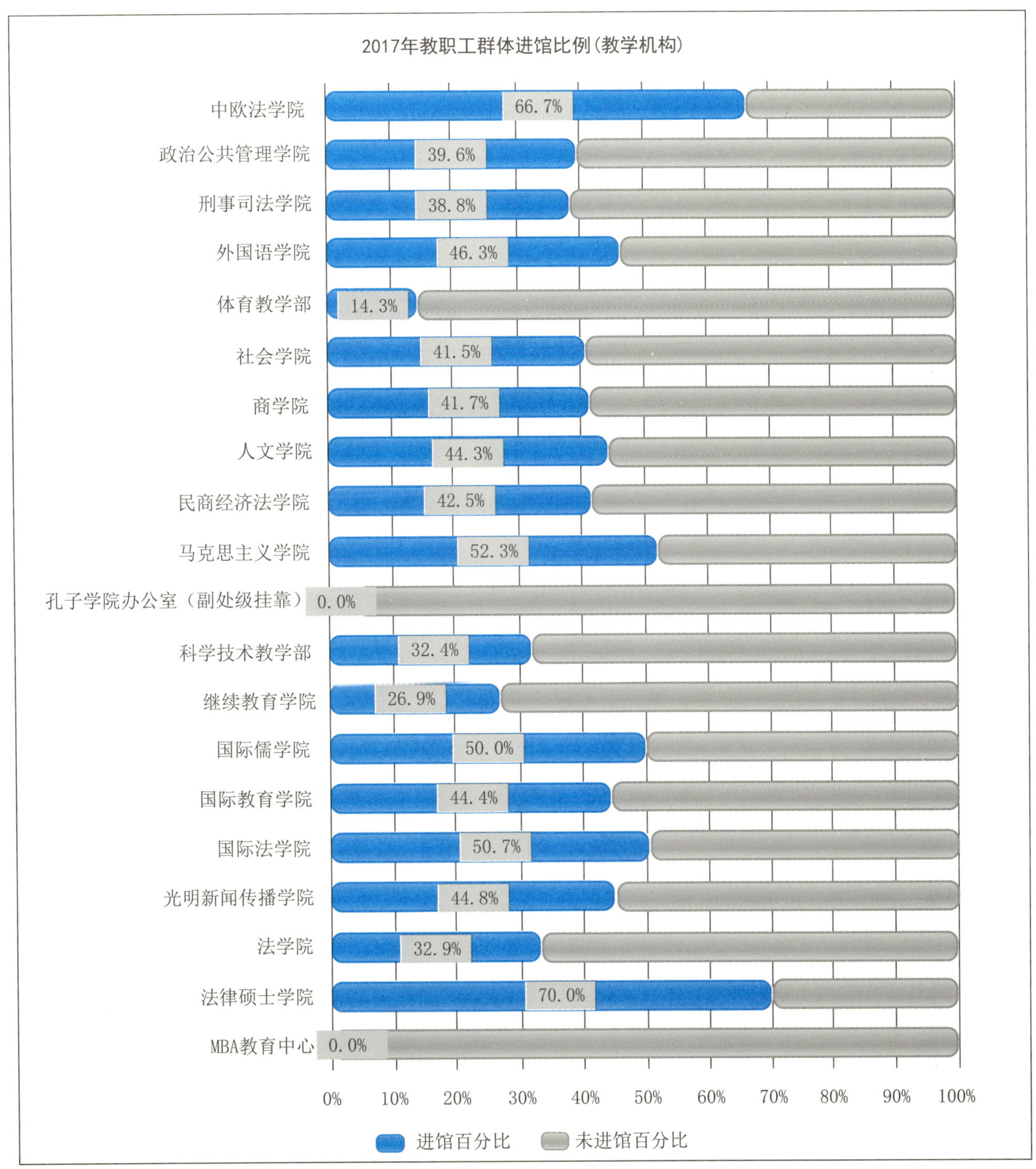


由于我校各科研机构人数差别较大，有的科研机构只有一两位老师，如国家治理研究院、互联网金融法律研究院、绿色发展战略研究院等，所以会有进馆百分比为100%或者为0%的极端情况。除此之外，进馆百分比较高的科研机构有诉讼法学研究院（64.3%）和比较法学研究院（55.9%）；进馆百分比较低的科研机构为证据科学研究院（32.6%）。

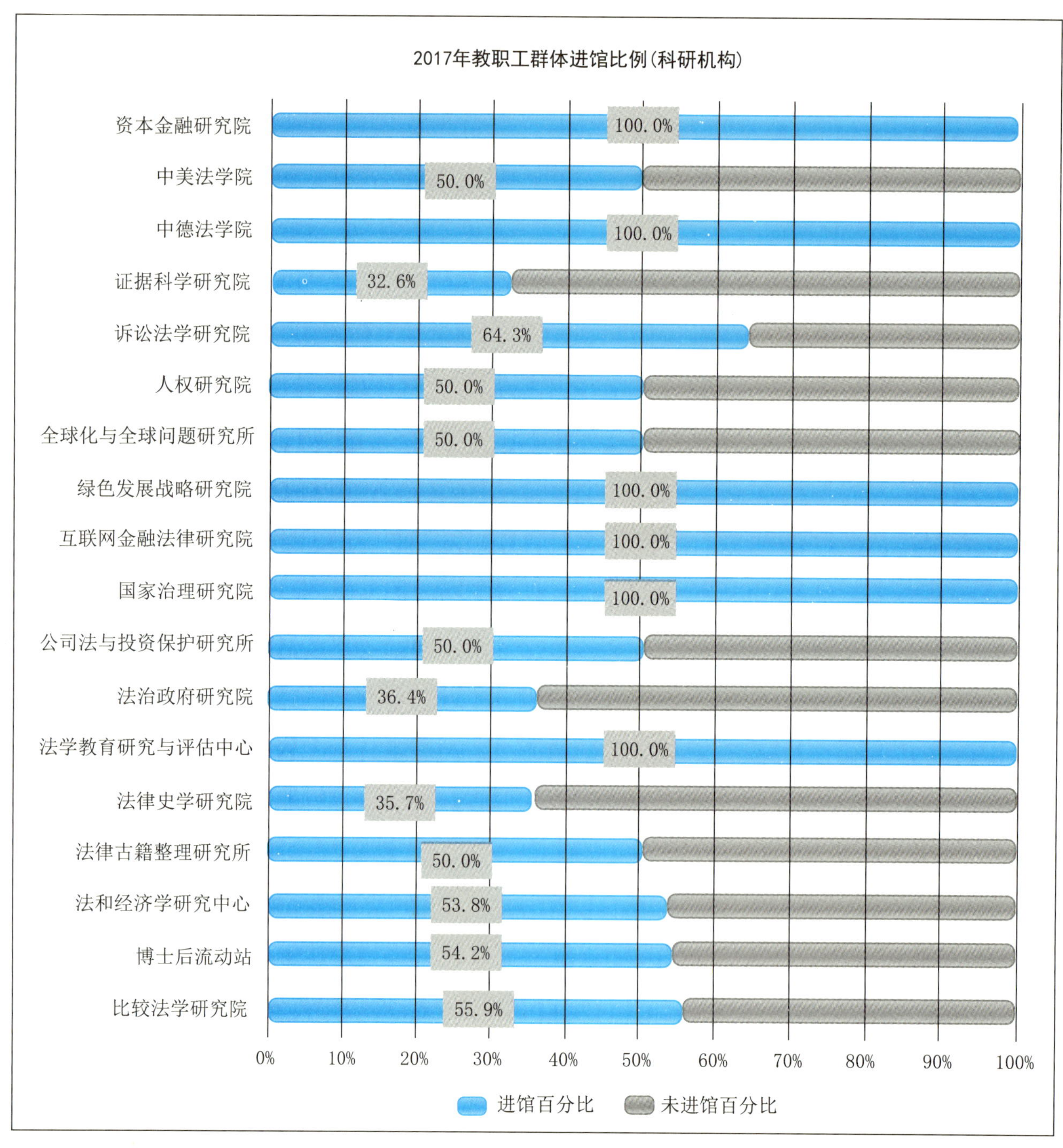


在校部机关中，除去人数较少部门的极端情况外，资产管理处和发展规划与学科建设处的教职工进馆百分比较高，分别为75.0%和60.0%；而保卫处、校团委和后勤办公室的教职工进馆百分比较低，分别为6.1%、12.5%和13.5%。

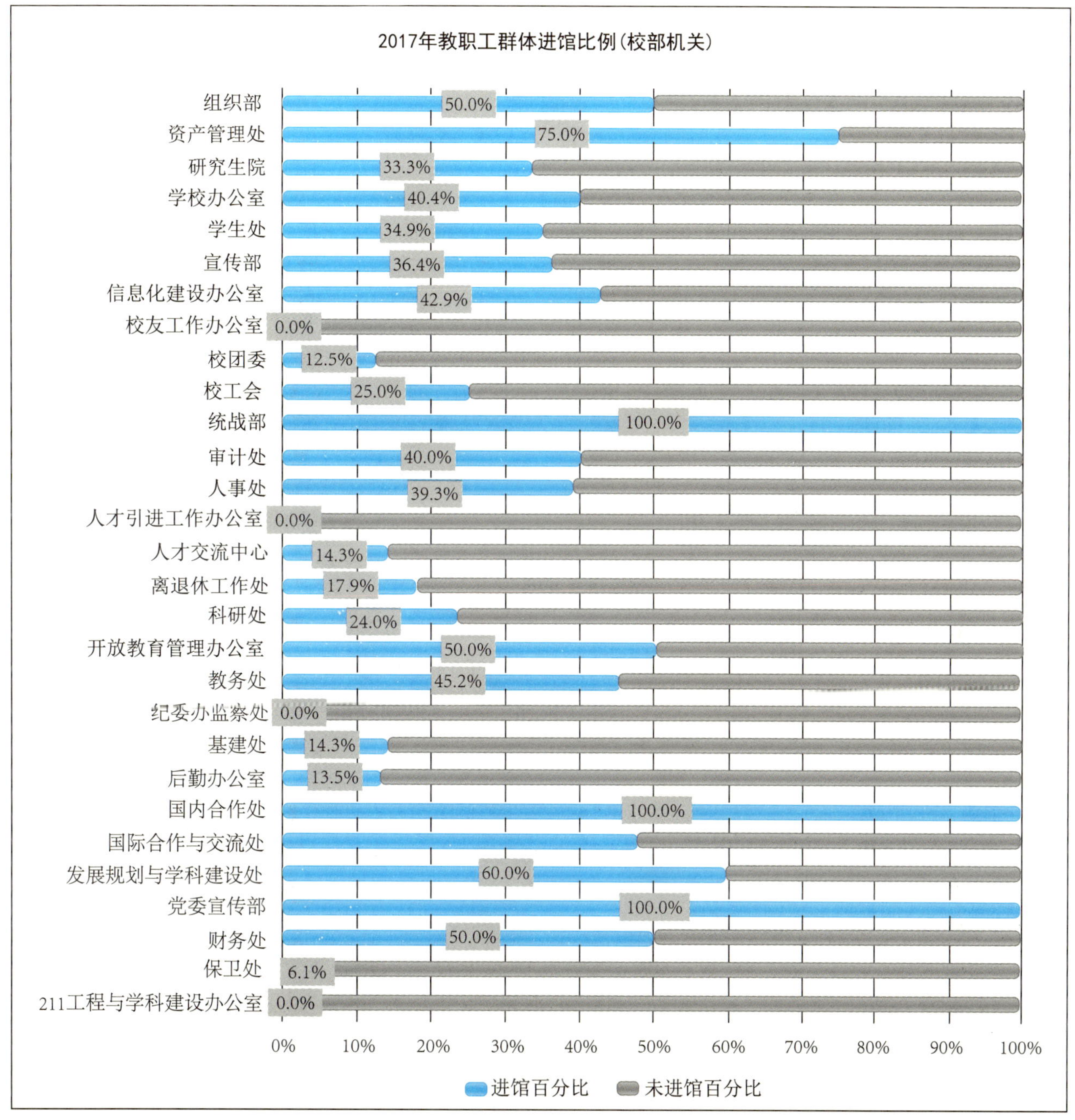
2017年教职工群体进馆比例（校部机关）
组织部 50.0%
资产管理处 75.0%
研究生院 33.3%
学校办公室 40.4%
学生处 34.9%
宣传部 36.4%
信息化建设办公室 42.9%
校友工作办公室 0.0%
校团委 12.5%
校工会 25.0%
统战部 100.0%
审计处 40.0%
人事处 39.3%
人才引进工作办公室 0.0%
人才交流中心 14.3%
离退休工作处 17.9%
科研处 24.0%
开放教育管理办公室 50.0%
教务处 45.2%
纪委办监察处 0.0%
基建处 14.3%
后勤办公室 13.5%
国内合作处 100.0%
国际合作与交流处
发展规划与学科建设处 60.0%
党委宣传部 100.0%
财务处 50.0%
保卫处 6.1%
211工程与学科建设办公室 0.0%
0% 10% 20% 30% 40% 50% 60% 70% 80% 90% 100%
进馆百分比 未进馆百分比

（六）各学院读者进馆比例

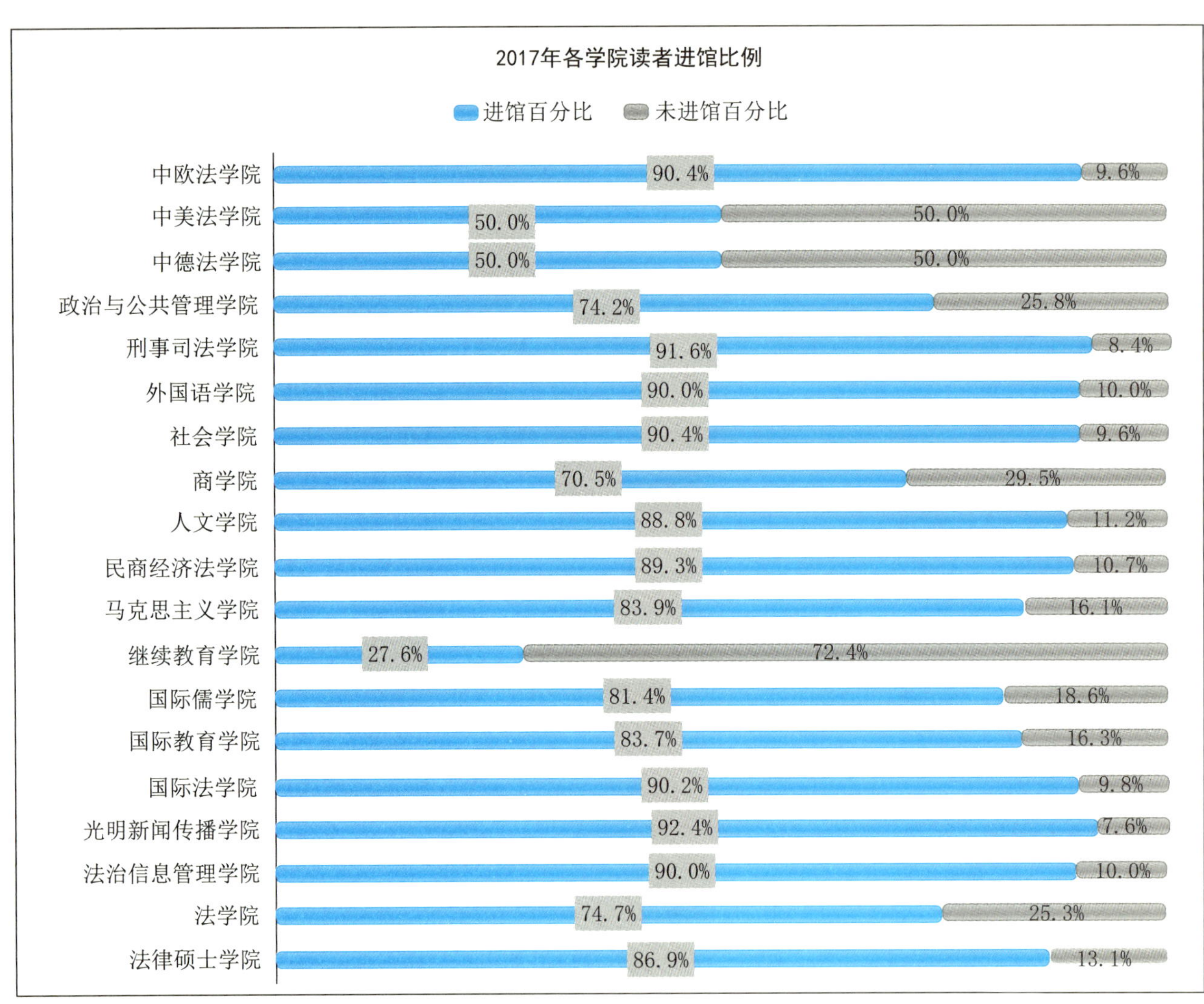


从 2017 年的数据来看，光明新闻传播学院、刑事司法学院和社会学院的进馆百分比最高，分别达到了 92.4%、91.6%和 90.4%。所有学院的平均进馆率为 83.7%，有 11 个学院达到了平均进馆率，占教学机构总数的 58.0%。进馆率较低的学院为继续教育学院，仅有 27.6%。此外，低于平均进馆率的教学机构还有商学院（70.5%）、法学院（74.7%）和国际儒学院（81.4%）。

## 三、借阅情况

数据说明：

（1）读者类型划分：

本科生：本科生、双学士

硕士生：法律硕士、硕士研究生、MPA 公共管理硕士

博士生：博士后、博士研究生

教职工：干部、工人、教师、退休工人、图书馆

其　他：担保类

（2）数据范围为2017年1月1日至2017年12月31日。

## （一）2013年~2017年借阅活动总量对比

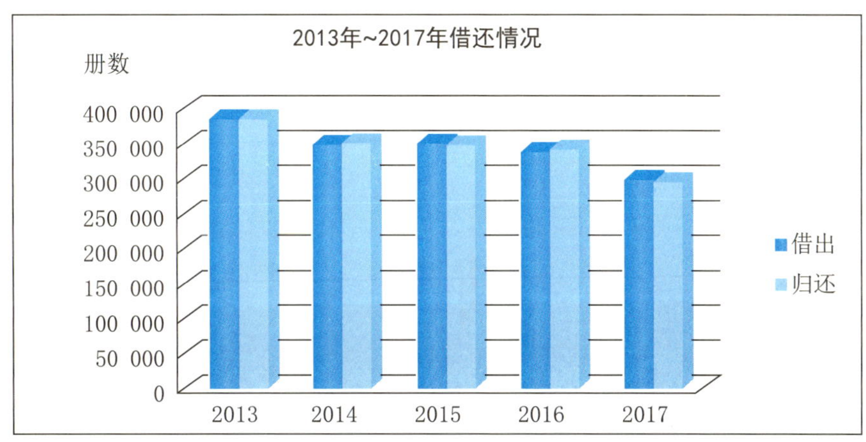


| 年度 | 2013 | 2014 | 2015 | 2016 | 2017 |
|---|---|---|---|---|---|
| 借出 | 389 177 | 351 505 | 352 835 | 341 339 | 300 788 |
| 归还 | 389 370 | 354 155 | 351 997 | 344 646 | 299 873 |

从2013年~2017近五年的数据来看，每年的借出和归还图书数量趋于一致，但是借出和归还的数量逐年下降。借书量从2013年的38.9万册下降至2017年的30万册，归还图书从2013年的38.9万册下降至2017年的29.9万册。这说明读者的阅读习惯随着互联网信息技术的发展发生了一定的改变，对纸质图书的依赖性正在被电子图书以及碎片化的阅读取代。

## （二）可外借文献总量及2017年外借量

### ■ 指标说明：

文献利用率：借阅量与可借文献馆藏量的比值。

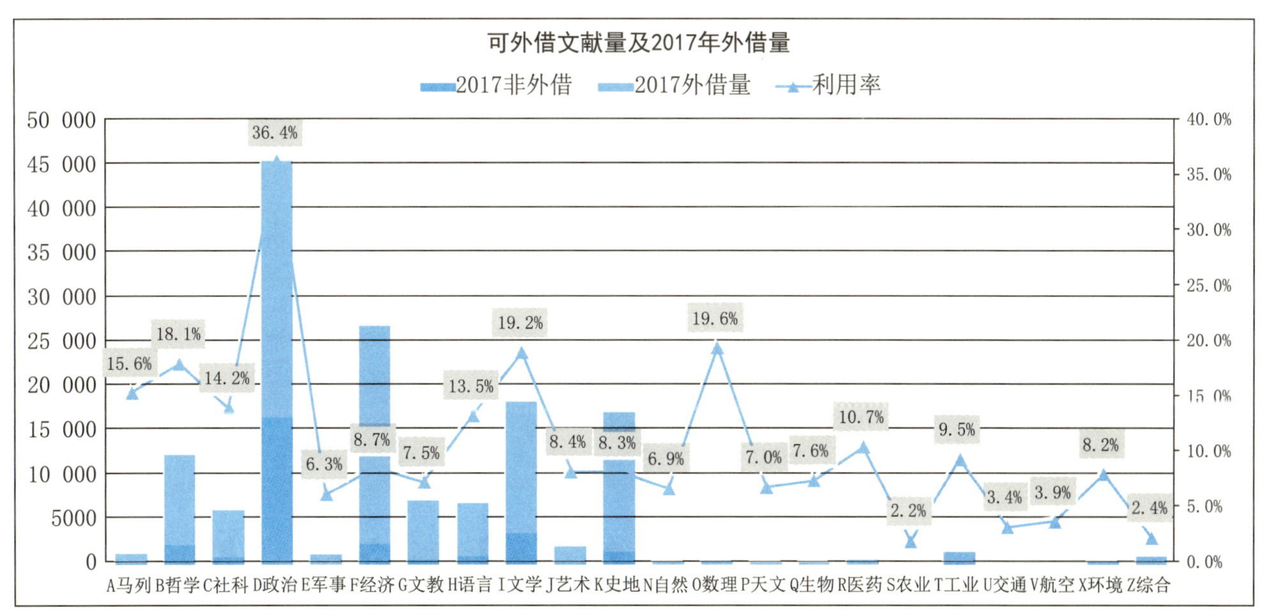

| 分类 | 可外借文献量 | 2017 外借量 | 利用率 | 分类 | 可外借文献量 | 2017 外借量 | 利用率 |
|---|---|---|---|---|---|---|---|
| D 政治 | 454 937 | 165 459 | 36. 4% | K 史地 | 171 871 | 14 318 | 8. 3% |
| O 数理 | 4508 | 882 | 19. 6% | X 环境 | 4266 | 349 | 8. 2% |
| I 文学 | 183 681 | 35 240 | 19. 2% | Q 生物 | 2508 | 191 | 7. 6% |
| B 哲学 | 123 626 | 22 386 | 18. 1% | G 文教 | 72 439 | 5413 | 7. 5% |
| A 马列 | 12 642 | 1966 | 15. 6% | P 天文 | 2160 | 151 | 7. 0% |
| C 社科 | 61 041 | 8648 | 14. 2% | N 自然 | 3951 | 274 | 6. 9% |
| H 语言 | 68 787 | 9275 | 13. 5% | E 军事 | 11 177 | 706 | 6. 3% |
| R 医药 | 5745 | 612 | 10. 7% | V 航空 | 255 | 10 | 3. 9% |
| T 工业 | 14 535 | 1383 | 9. 5% | U 交通 | 650 | 22 | 3. 4% |
| F 经济 | 269 793 | 23 461 | 8. 7% | Z 综合 | 9448 | 230 | 2. 4% |
| J 艺术 | 20 755 | 1746 | 8. 4% | S 农业 | 601 | 13 | 2. 2% |

2017 年全馆可借中图分类法文献 1 499 376 册，共借阅了 292 735 册，全馆文献外借率仅为 19. 5%，意味着有 80%的文献并没有被读者使用。通过分类统计，可以看出政治法律类图书利用率最高为 36. 4%，其次为数理类图书占据了 19. 6%，说明随着我校经济类专业以及建模竞赛的开展，读者对数理类的图书利用率在逐步提升。22 大类图书中，有 8 个类别图书的利用率超过了 10%，其余 14 个大类的图书利用率不足 10%，整体利用率较低。

### （三）读者借阅量分析

**■ 指标说明：**

中位数：是指在借阅量中对于中间位置（记录数/2）的记录中的值

众　数：是指在借阅量中出现频率最大的值

平均值：有借阅记录的老师平均借阅图书的册数

1. 读者借阅量个体分析

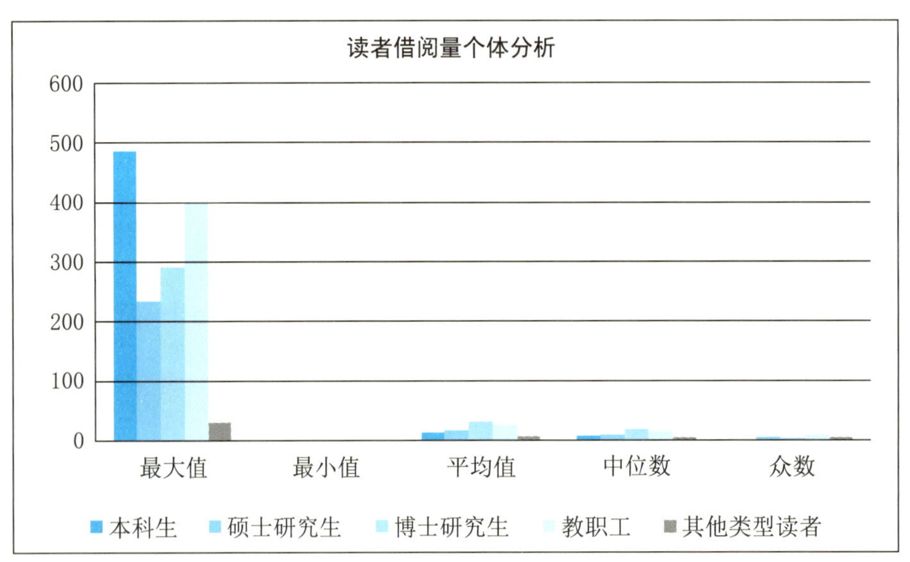

| | 最大值 | 最小值 | 平均值 | 中位数 | 众数 |
|---|---|---|---|---|---|
| 本科生 | 484 | 1 | 12.23 | 7 | 1 |
| 硕士研究生 | 232 | 1 | 14.82 | 9 | 4 |
| 博士研究生 | 289 | 1 | 31 | 18 | 2 |
| 教职工 | 400 | 1 | 24.27 | 13 | 8 |
| 其他类型读者 | 30 | 1 | 7.25 | 5 | 4 |

2017 年在有借阅记录的读者群体中，借阅量保持最大的是本科生，最大的借阅值为 484 册，教职工读者最大借书为 400 册。在借阅的平均值中，博士研究生居于榜首，平均借阅 31 册。大部分读者借阅数量不多于 10 册。

2. 读者借阅量分组分布

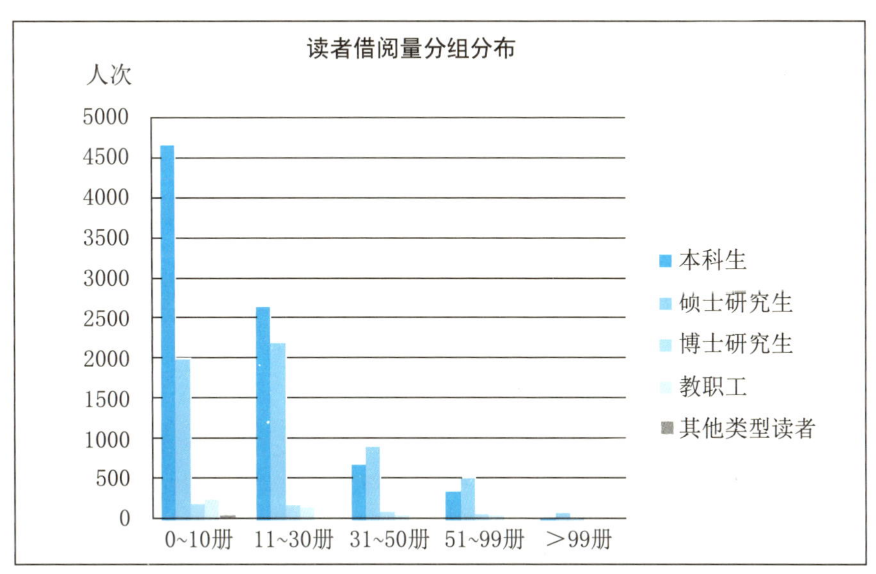


| | 0~10 册 | 11~30 册 | 31~50 册 | 51~99 册 | >99 册 | 小计（人次） |
|---|---|---|---|---|---|---|
| 本科生 | 4668 | 2669 | 693 | 368 | 44 | 8442 |
| 硕士研究生 | 2017 | 2202 | 911 | 532 | 91 | 5753 |
| 博士研究生 | 208 | 198 | 107 | 87 | 39 | 639 |
| 教职工 | 260 | 169 | 66 | 63 | 17 | 575 |
| 其他类型读者 | 27 | 6 | 0 | 0 | 0 | 33 |

从有借阅记录的读者群体来看，大部分读者 2017 年借阅册数在 10 册以内，这部分读者占到全体借阅人次的 46.5%；借阅册数分布在 11~30 册的占据了 33.9%，借阅册数超过 99 册的借阅人次最少仅占所有借阅人次的 1.2%。

从读者类型上来看，有 55.3%的本科生读者借阅册数在 10 册以内，31.7%的本科生借阅册数在 11~30 册以内。在硕士研究生群体中有 35.1%的读者借阅册数在 10 册以内，38.3%的读者借阅册数在 11~30 册以内。教职工和博士研究生的状态基本类似，70%的读者的借阅册数集中于 30 册以内。

### （四）借阅周期分析

**■ 指标说明：**

借阅周期：文献借出至归还的时间，即书刊在读者手中停留的时间。所有的借阅周期均按归还时间统计。

1. 借阅周期个体分析

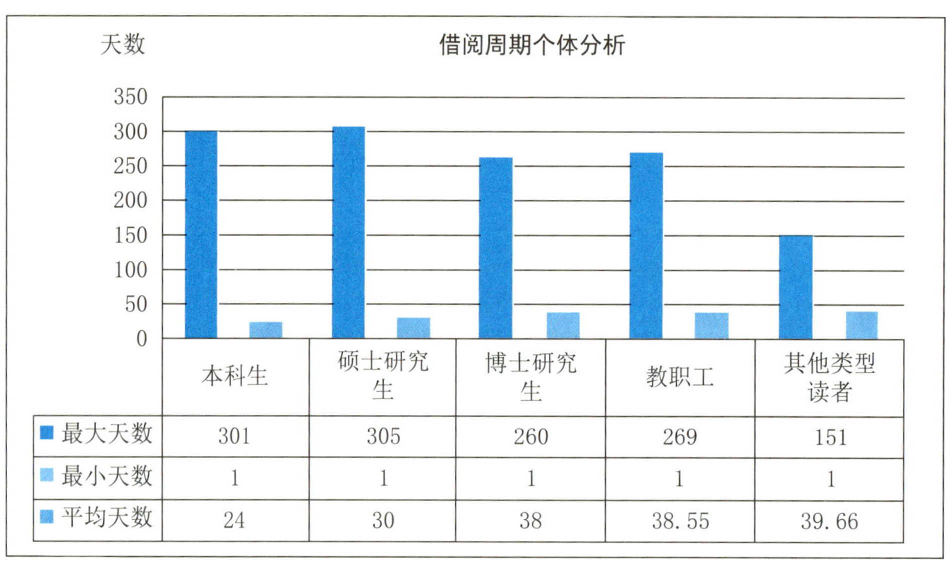


| | 本科生 | 硕士研究生 | 博士研究生 | 教职工 | 其他类型读者 |
|---|---|---|---|---|---|
| ■最大天数 | 301 | 305 | 260 | 269 | 151 |
| ■最小天数 | 1 | 1 | 1 | 1 | 1 |
| ■平均天数 | 24 | 30 | 38 | 38.55 | 39.66 |

2017 年在有借阅记录的读者群体中，全馆读者的持有图书的平均天数为 35 天。说明随着我馆规章制度的完善，读者借阅流程越来越规范，按时还书的意识也有所提高。本科生的平均天数最少，保持在 24 天。2017 年归还时间最长的，是硕士研究生所借阅的，该书在读者手中持有了 305 天。

2. 借阅周期分组分布

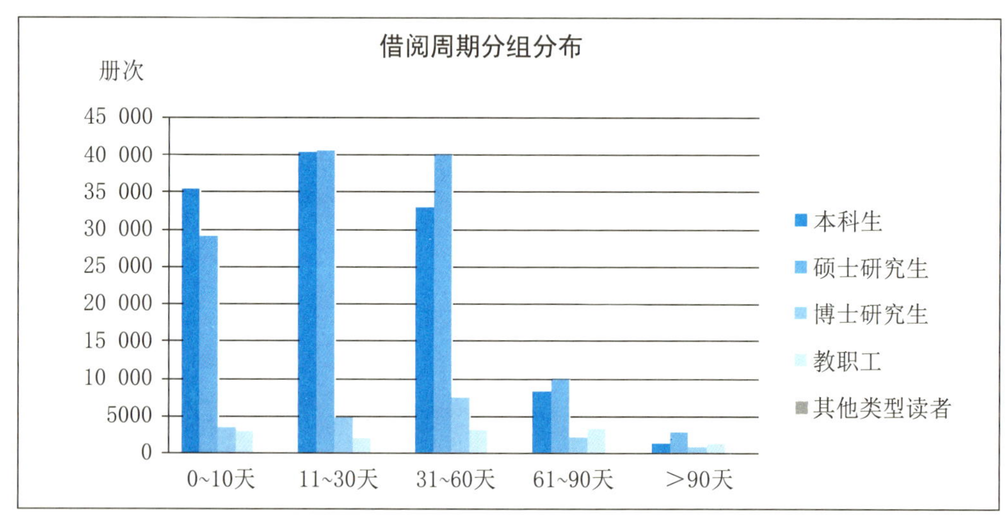

| 区间划分 | 0~10 天 | 11~30 天 | 31~60 天 | 61~99 天 | >99 天 |
|---|---|---|---|---|---|
| 本科生 | 35 178 | 40 160 | 32 746 | 8123 | 1094 |
| 硕士研究生 | 28 946 | 40 372 | 39 985 | 9972 | 2663 |
| 博士研究生 | 3309 | 4647 | 7235 | 1955 | 717 |
| 教职工 | 2820 | 1793 | 2925 | 3128 | 1115 |
| 其他类型读者 | 50 | 34 | 77 | 28 | 5 |

根据图书馆图书借阅的规章制度，中外文图书基本借期为30天（教师中文图书的借阅周期为60天）。2017年从借阅周期来看，周期在11~30天和31~60天的图书最多，周期在99天以上的图书最少，基本上符合我校的借阅规定。从读者类型上来看，本科生、硕士、博士研究生的借阅周期基本上在60天以内，70%集中在30天以内。教职工所借阅的图书有51.7%的借阅周期集中于31~60天以及61~99天这个区间。

### （五）各学院借阅人数比例

**■ 指标说明：**

借阅人数百分比：借阅人数与总人数的比值。

| | 借阅人数 | 借阅人数百分比 | 未借阅人数 | 总人数 | 借阅册数 |
|---|---|---|---|---|---|
| 本科生 | 8442 | 67.4% | 4092 | 12 534 | 100 405 |
| 硕士研究生 | 5753 | 67.7% | 2751 | 8504 | 134 659 |
| 博士研究生 | 639 | 48.7% | 674 | 1313 | 20 350 |
| 小计 | 14 834 | 66.4% | 7517 | 22 351 | 255 414 |

2017年全馆共有本硕博读者2.23万，其中有66.4%的读者借阅图书，借阅量达25.5万余册，占全馆总借阅量的85.1%。有33%的本科生和硕士研究生、52%的博士研究生没有借阅过图书。各学院读者的借阅人数比例详见以下分析。

1. 本科生各学院借阅人数比例

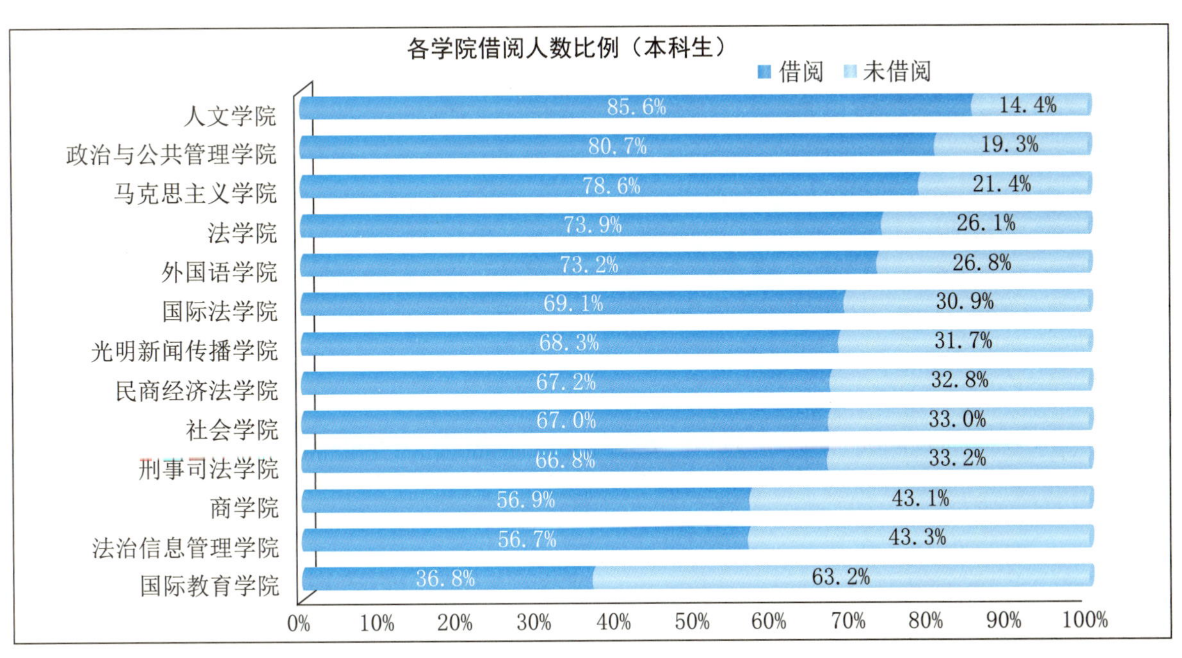

| 单位（本科生） | 总人数 | 借阅人数 | 未借阅人数 | 借阅册次 |
|---|---|---|---|---|
| 法学院 | 1002 | 740 | 262 | 11 691 |
| 法治信息管理学院 | 30 | 17 | 13 | 72 |
| 光明新闻传播学院 | 341 | 233 | 108 | 2074 |
| 国际法学院 | 1950 | 1347 | 603 | 15 237 |
| 国际教育学院 | 486 | 179 | 307 | 1409 |
| 马克思主义学院 | 182 | 143 | 39 | 2469 |
| 民商经济法学院 | 2235 | 1503 | 732 | 15 816 |
| 人文学院 | 360 | 308 | 52 | 5869 |
| 商学院 | 1896 | 1078 | 818 | 10 495 |
| 社会学院 | 415 | 278 | 137 | 3427 |
| 外国语学院 | 714 | 523 | 191 | 5113 |
| 刑事司法学院 | 1914 | 1279 | 635 | 13 943 |
| 政治与公共管理学院 | 1009 | 814 | 195 | 12 790 |
| 总计 | 12 534 | 8442 | 4092 | 100 405 |

2017 年人文学院的本科生借阅图书的比例最高，占据了该院的 85.6%，政治与公共管理学院以及马克思主义学院分列二、三名。国际教育学院的读者借书比例最低，全院仅有 36.8%的读者借阅了图书。有 7 个学院的本科生借阅人数比例集中在 50%~70%，有 5 个学院的本科生借阅人数比例超过 70%。

2. 硕士研究生各学院借阅人数比例

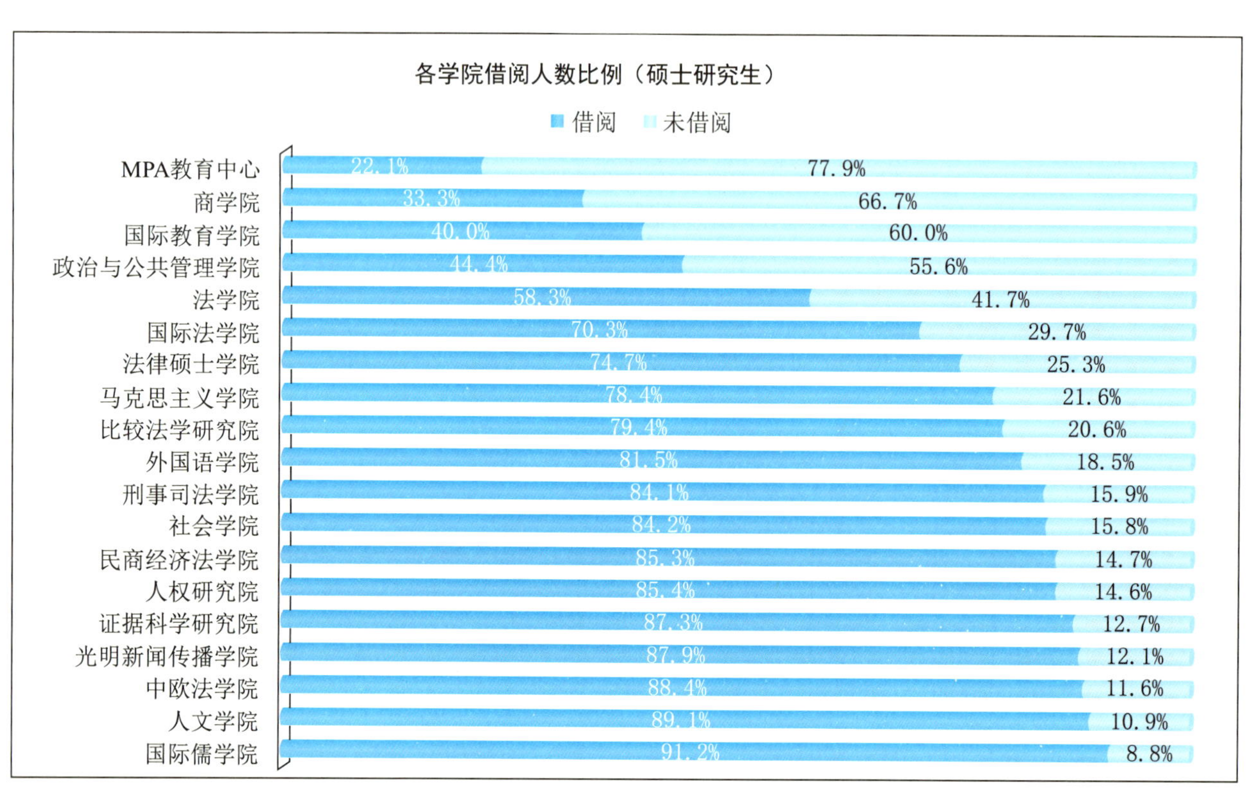

| 单位（硕士研究生） | 借阅人数 | 未借阅人数 | 总人数 | 借阅册数 |
| --- | --- | --- | --- | --- |
| MPA 教育中心 | 21 | 74 | 95 | 226 |
| 比较法学研究院 | 189 | 49 | 238 | 5337 |
| 法律硕士学院 | 1116 | 378 | 1494 | 21 290 |
| 法学院 | 860 | 616 | 1476 | 21 222 |
| 光明新闻传播学院 | 145 | 20 | 165 | 3444 |
| 国际法学院 | 270 | 114 | 384 | 5871 |
| 国际教育学院 | 2 | 3 | 5 | 6 |
| 国际儒学院 | 31 | 3 | 34 | 916 |
| 马克思主义学院 | 87 | 24 | 111 | 3084 |
| 民商经济法学院 | 888 | 153 | 1041 | 22 593 |
| 人权研究院 | 35 | 6 | 41 | 1369 |
| 人文学院 | 172 | 21 | 193 | 5973 |
| 商学院 | 276 | 554 | 830 | 4021 |
| 社会学院 | 96 | 18 | 114 | 2561 |
| 外国语学院 | 101 | 23 | 124 | 2005 |
| 刑事司法学院 | 475 | 90 | 565 | 12 081 |
| 证据科学研究院 | 220 | 32 | 252 | 4551 |
| 政治与公共管理学院 | 420 | 527 | 947 | 9957 |
| 中欧法学院 | 349 | 46 | 395 | 8152 |
| 总计 | 5753 | 2751 | 8504 | 134 659 |

2017 年国际儒学院的硕士研究生借阅图书的比例最高，该院有 91.2%的读者借阅了图书，中欧法学院与人文学院分列二、三名。MPA 教育中心的读者借书比例最低，全院仅有 22.1%的读者借阅了图书。目前仅有 4 个学院的硕士研究生借阅人数比例低于 50%，14 个学院的硕士研究生借阅人数比例集中在 70%~90%。

3. 博士研究生各学院借阅人数比例

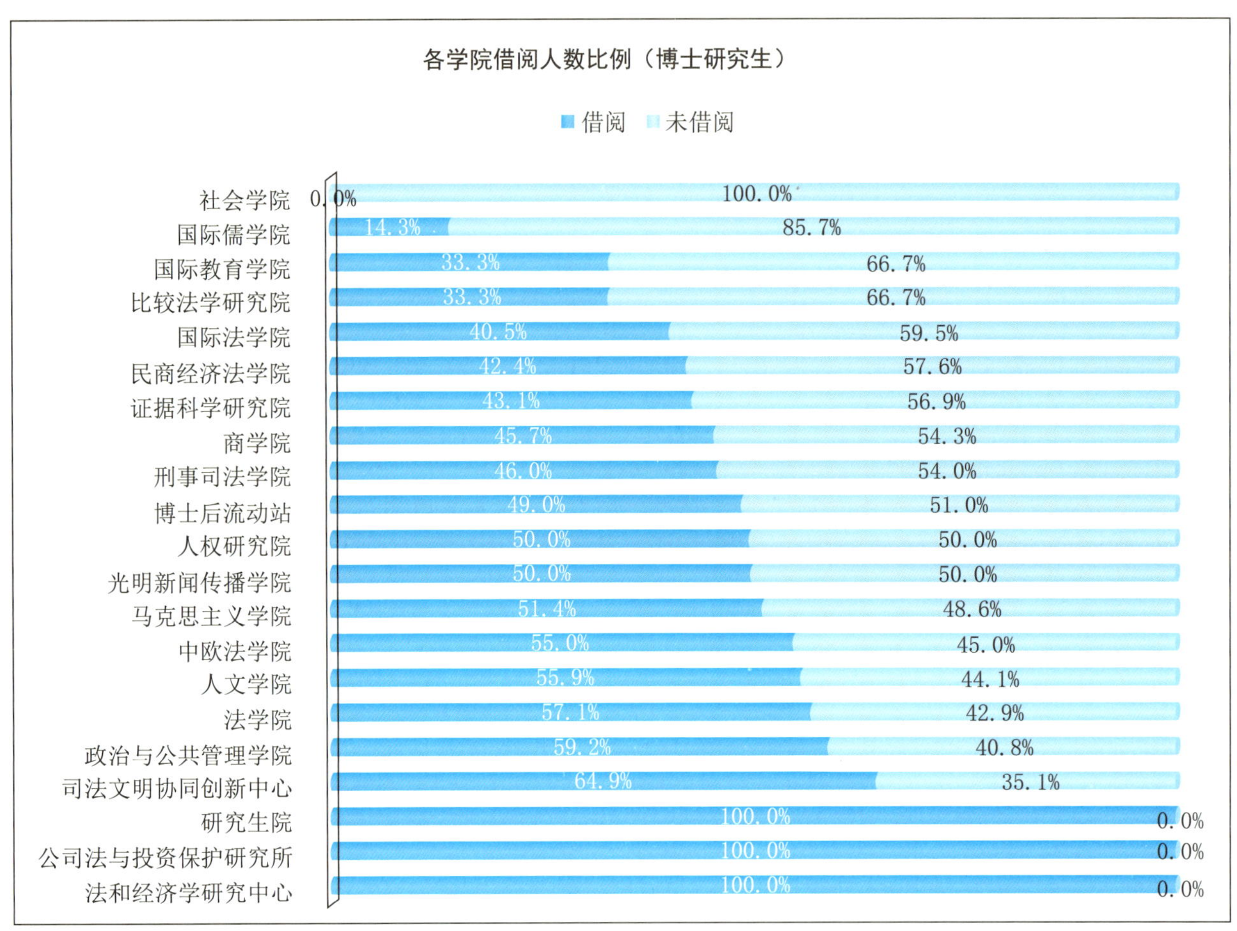


| 单位（博士研究生） | 借阅人数 | 未借阅人数 | 总人数 | 借阅册数 |
|---|---|---|---|---|
| 比较法学研究院 | 11 | 22 | 33 | 277 |
| 博士后流动站 | 24 | 25 | 49 | 683 |
| 法和经济学研究中心 | 1 | 0 | 1 | 16 |
| 法学院 | 141 | 106 | 247 | 4864 |
| 公司法与投资保护研究所 | 1 | 0 | 1 | 30 |
| 光明新闻传播学院 | 2 | 2 | 4 | 69 |
| 国际法学院 | 66 | 97 | 163 | 1822 |
| 国际教育学院 | 1 | 2 | 3 | 1 |
| 国际儒学院 | 1 | 6 | 7 | 25 |
| 马克思主义学院 | 18 | 17 | 35 | 676 |
| 民商经济法学院 | 101 | 137 | 238 | 3646 |
| 人权研究院 | 9 | 9 | 18 | 187 |
| 人文学院 | 19 | 15 | 34 | 804 |
| 商学院 | 16 | 19 | 35 | 125 |

续表

| 单位（博士研究生） | 借阅人数 | 未借阅人数 | 总人数 | 借阅册数 |
|---|---|---|---|---|
| 社会学院 | 0 | 1 | 1 | 0 |
| 司法文明协同创新中心 | 24 | 13 | 37 | 723 |
| 刑事司法学院 | 99 | 116 | 215 | 2692 |
| 研究生院 | 1 | 0 | 1 | 6 |
| 证据科学研究院 | 22 | 29 | 51 | 616 |
| 政治与公共管理学院 | 71 | 49 | 120 | 2877 |
| 中欧法学院 | 11 | 9 | 20 | 211 |
| 总计 | 639 | 674 | 1313 | 20 350 |

2017 年，法和经济学研究中心、公司法与投资保护研究所、研究生院的博士研究生人数虽然很少，但是完成了百分百的借阅。社会学院仅有一名博士研究生，很遗憾该学生 2017 年未借书。国际儒学院全院仅有 14.3%的博士生读者借阅了图书。共有 8 个学院的博士研究生借阅人数比例维持在 30%～50%（不含 50%），另 8 个学院的博士研究生借阅人数比例在 50%～65%。

### （六）各学院读者人均借阅量

#### ■ 指标说明

（1）“院均借阅量”：指学院所有读者（本科生、硕士研究生、博士研究生）人均借阅量。

（2）“平均借阅量”：指有借阅记录的读者（本科生、硕士研究生、博士研究生）人均借阅量。

| | 借阅人数 | 未借阅人数 | 总人数 | 借阅册数 | 平均借阅量 | 院均借阅量 |
|---|---|---|---|---|---|---|
| 本科生 | 8442 | 4092 | 12 534 | 100 405 | 11.89 | 8.01 |
| 硕士研究生 | 5753 | 2751 | 8504 | 134 659 | 23.41 | 15.83 |
| 博士研究生 | 639 | 674 | 1313 | 20 350 | 31.85 | 15.50 |
| 小计 | 14 834 | 7517 | 22 351 | 255 414 | 17.22 | 11.43 |

2017 年，全校学生读者共借阅 25 万册，平均借阅量 17 册。博士研究生整体的平均借阅量最高，达到了 31.85 册，高于整体平均借阅量 14 册。本科生的平均借阅量低于整体平均借阅量 6 册左右，说明虽然本科生的借阅人数比较多，但是每人的借阅量不多。硕士研究生平均借阅量 23 册，高于平均借阅量 6 册。

各学院读者人均借阅量及院均借阅量详见以下分析。

1. 本科生各学院读者人均借阅量

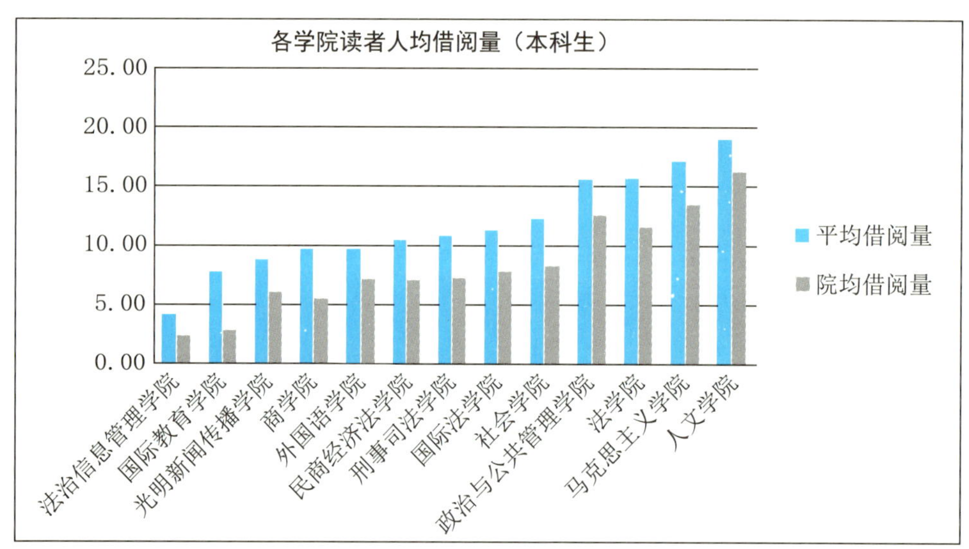


| 学院名称 | 平均借阅量 | 院均借阅量 | 学院名称 | 平均借阅量 | 院均借阅量 |
|---|---|---|---|---|---|
| 法治信息管理学院 | 4.24 | 2.40 | 国际法学院 | 11.31 | 7.81 |
| 国际教育学院 | 7.87 | 2.90 | 社会学院 | 12.33 | 8.26 |
| 光明新闻传播学院 | 8.90 | 6.08 | 政治与公共管理学院 | 15.71 | 12.68 |
| 商学院 | 9.74 | 5.54 | 法学院 | 15.80 | 11.67 |
| 外国语学院 | 9.78 | 7.16 | 马克思主义学院 | 17.27 | 13.57 |
| 民商经济法学院 | 10.52 | 7.08 | 人文学院 | 19.06 | 16.30 |
| 刑事司法学院 | 10.90 | 7.28 | 总计 | 11.89 | 8.01 |

2017 年本科生院均借阅册数 8 册，有借阅记录的读者平均借阅 12 册。其中人文学院和马克思主义学院无论是平均借阅量还是院均借阅量均保持领先的水平，高于平均值 8 册至 9 册。法治信息管理学院较低，人均借阅量不足 5 册，学院的平均借阅量低于 3 册。

2. 硕士研究生各学院读者人均借阅量

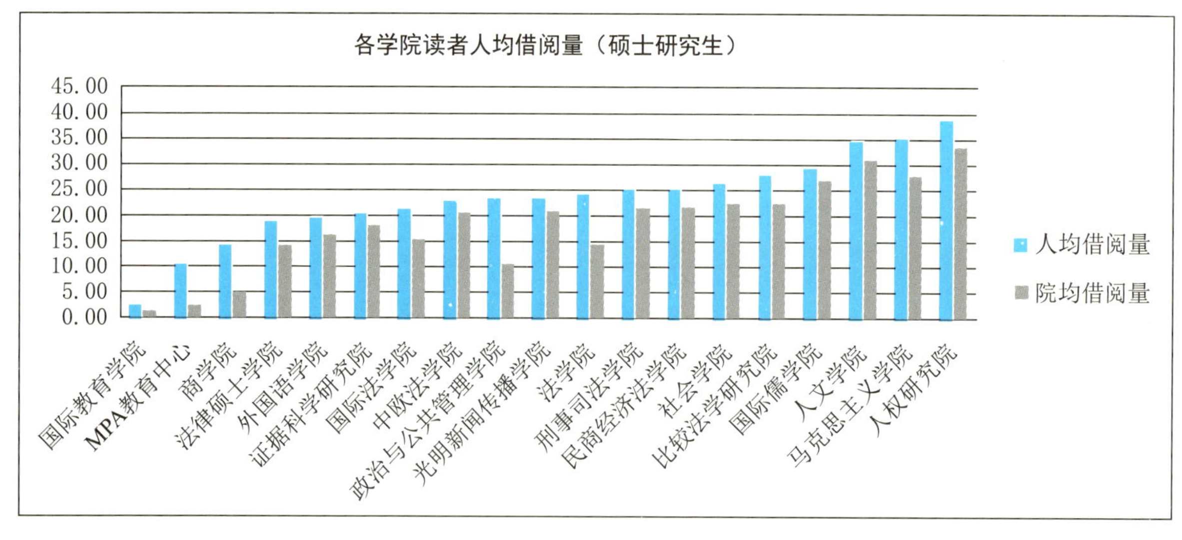

| 学院名称 | 人均借阅量 | 院均借阅量 | 学院名称 | 人均借阅量 | 院均借阅量 |
|---|---|---|---|---|---|
| 国际教育学院 | 3.00 | 1.20 | 法学院 | 24.68 | 14.38 |
| MPA 教育中心 | 10.76 | 2.38 | 刑事司法学院 | 25.43 | 21.38 |
| 商学院 | 14.57 | 4.84 | 民商经济法学院 | 25.44 | 21.70 |
| 法律硕士学院 | 19.08 | 14.25 | 社会学院 | 26.68 | 22.46 |
| 外国语学院 | 19.85 | 16.17 | 比较法学研究院 | 28.24 | 22.42 |
| 证据科学研究院 | 20.69 | 18.06 | 国际儒学院 | 29.55 | 26.94 |
| 国际法学院 | 21.74 | 15.29 | 人文学院 | 34.73 | 30.95 |
| 中欧法学院 | 23.36 | 20.64 | 马克思主义学院 | 35.45 | 27.78 |
| 政治与公共管理学院 | 23.71 | 10.51 | 人权研究院 | 39.11 | 33.39 |
| 光明新闻传播学院 | 23.75 | 20.87 | 总计 | 23.41 | 15.83 |

2017 年硕士研究生院均借阅册数 16 册，有借阅记录的读者平均借阅 23 册。其中人权研究院无论是平均借阅量还是院均借阅量均保持领先的水平，院均借阅量达到 33 册，有借阅记录的读者平均借阅 39 册。11 个学院的人均借阅量超过了平均水平。由于国际教育学院的学生以外文借阅为主，而我校规定外文图书的借阅量限借 3 册，所以该院的人均借阅量最少，这和学院的性质和图书馆的规章制度有关。

3. 博士研究生各学院读者人均借阅量

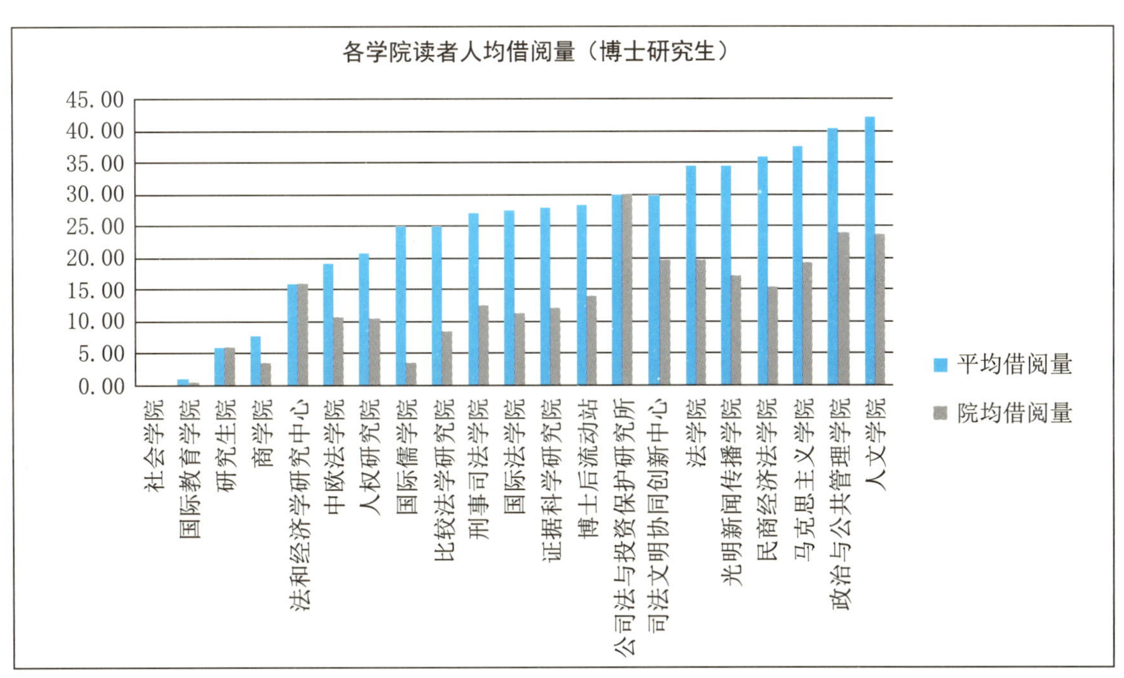


| 学院名称 | 平均借阅量 | 院均借阅量 | 学院名称 | 平均借阅量 | 院均借阅量 |
|---|---|---|---|---|---|
| 社会学院 | 0.00 | 0.00 | 证据科学研究院 | 28.00 | 12.08 |
| 国际教育学院 | 1.00 | 0.33 | 博士后流动站 | 28.46 | 13.94 |
| 研究生院 | 6.00 | 6.00 | 公司法与投资保护研究所 | 30.00 | 30.00 |

续表

| 学院名称 | 平均借阅量 | 院均借阅量 | 学院名称 | 平均借阅量 | 院均借阅量 |
|---|---|---|---|---|---|
| 商学院 | 7.81 | 3.57 | 司法文明协同创新中心 | 30.13 | 19.54 |
| 法和经济学研究中心 | 16.00 | 16.00 | 法学院 | 34.50 | 19.69 |
| 中欧法学院 | 19.18 | 10.55 | 光明新闻传播学院 | 34.50 | 17.25 |
| 人权研究院 | 20.78 | 10.39 | 民商经济法学院 | 36.10 | 15.32 |
| 国际儒学院 | 25.00 | 3.57 | 马克思主义学院 | 37.56 | 19.31 |
| 比较法学研究院 | 25.18 | 8.39 | 政治与公共管理学院 | 40.52 | 23.98 |
| 刑事司法学院 | 27.19 | 12.52 | 人文学院 | 42.32 | 23.65 |
| 国际法学院 | 27.61 | 11.18 | 总计 | 31.85 | 15.50 |

2017 年博士研究生整体借阅册数较高，平均借阅量达到 32 册，院均借阅量也达到了 16 册。有 6 个学院的平均借阅量超过了全体博士生的平均借阅量。其中人文学院和政治与公共管理学院的平均借阅量超过了 40 册，保持领先水平。有 8 个学院的平均借阅量集中于 20 册~30 册。有 4 个学院平均借阅量低于 10 册，其中社会学院由于仅有一名博士生，同时该生并未借阅图书，导致该院的平均借阅量为 0。

### （七）教职工借阅情况

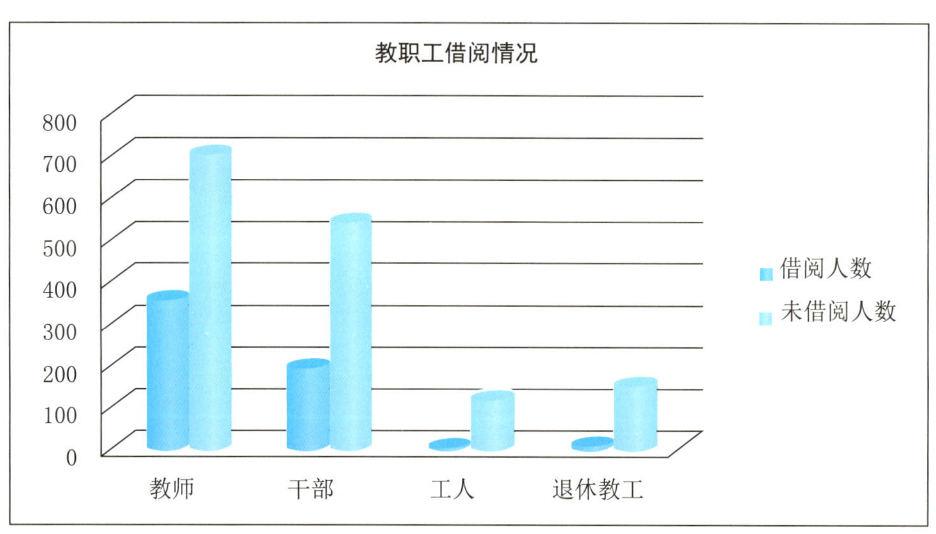


| 读者类型 | 借阅人数 | 未借阅人数 | 总人数 | 借阅册数 | 平均借阅量 |
|---|---|---|---|---|---|
| 教师 | 360 | 708 | 1068 | 8632 | 23.98 |
| 干部 | 196 | 544 | 740 | 4723 | 24.1 |
| 工人 | 6 | 121 | 127 | 65 | 10.83 |
| 退休教工 | 13 | 154 | 167 | 333 | 25.62 |
| 总计 | 575 | 1527 | 2102 | 13 753 | 23.92 |

2017 年全校教职工共计 2102 名，其中有 575 名教职工借阅了 13 753 册，平均借阅量为 23.9 册。退休教工虽然借阅人数较少，但是人均借阅量达到了 25.6 册。教师、干部类人均借阅量接近 24 册，工人的

平均借阅量相对来说较少只有 10.8 册。

## 四、借阅文献与读者借阅行为分析

### 数据说明

（1）2017 年我校读者共借阅中图分类法图书 292 735 册（其中中文图书 288 619 册，外文图书 4116 册）；人大分类法图书 8053 册。

（2）下述分析以中图分类法图书为主。

（3）册%：该类别图书借阅的册数占所有借阅图书册数的比值。

#### （一）中文图书借阅分类分析

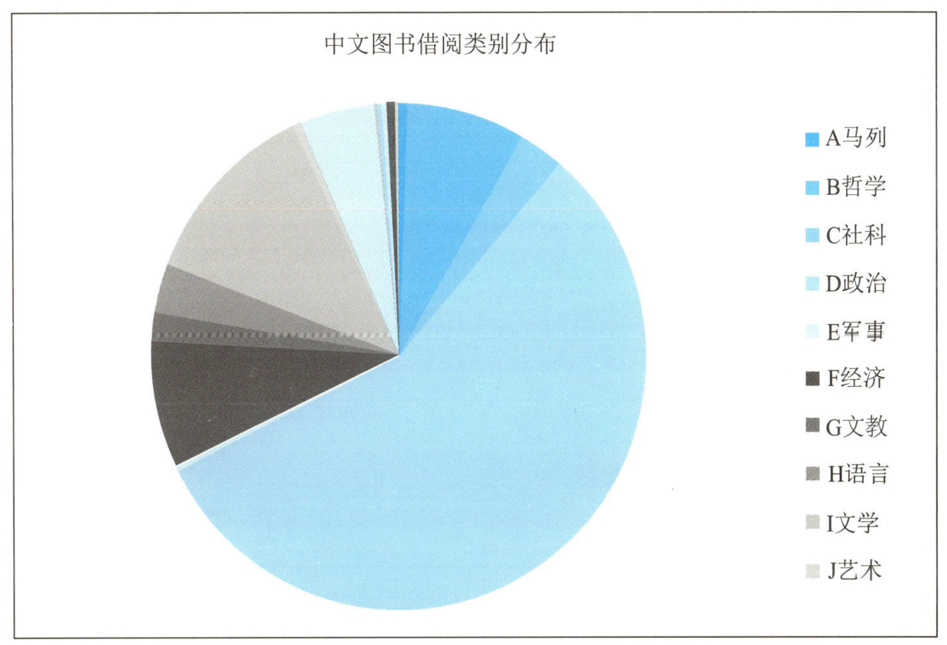


| 类别 | A 马列 | B 哲学 | C 社科 | D 政治 | E 军事 | F 经济 | G 文教 | H 语言 | I 文学 | J 艺术 | K 史地 |
|---|---|---|---|---|---|---|---|---|---|---|---|
| 册数 | 1965 | 22 179 | 8584 | 162 386 | 699 | 23 244 | 5392 | 9139 | 34 982 | 1742 | 14 232 |
| 册% | 0.68% | 7.68% | 2.97% | 56.26% | 0.24% | 8.05% | 1.87% | 3.17% | 12.12% | 0.60% | 4.93% |
| 类别 | N 自然 | O 数理 | P 天文 | Q 生物 | R 医药 | S 农业 | T 工业 | U 交通 | V 航空 | X 环境 | Z 综合 |
| 册数 | 272 | 871 | 149 | 189 | 608 | 13 | 1374 | 22 | 9 | 338 | 230 |
| 册% | 0.09% | 0.30% | 0.05% | 0.07% | 0.21% | 0.00% | 0.48% | 0.01% | 0.00% | 0.12% | 0.08% |

在所有借阅的中文图书中，政治法律类占据了总体借阅量的一半，借阅百分比为 56.3%，其次文学类图书占据了 12.1%，经济类和哲学类紧随其后，分别占据 8.1%、7.7%。借阅比例最少的为航空航天类和农业类。上述的借阅规律比较符合我校的办学特色，突出体现我校以法学为特色和优势的办校理念。

## （二）西文图书借阅分类分析

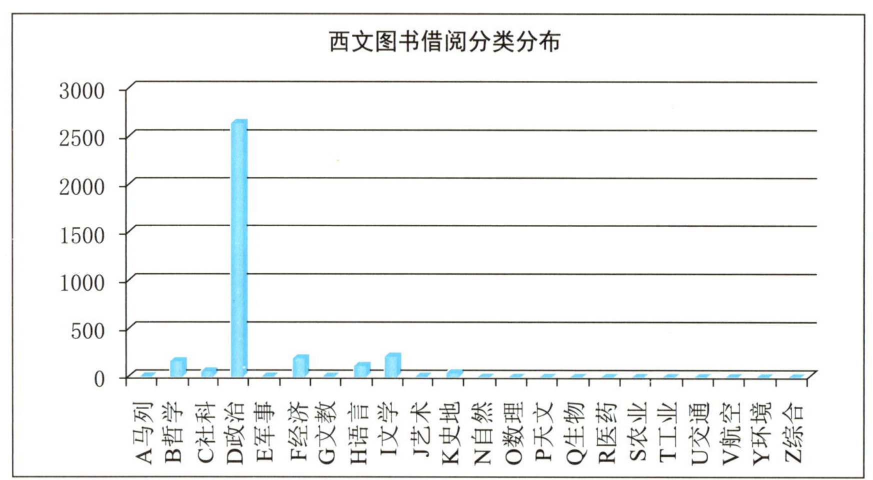


| 类别 | A 马列 | B 哲学 | C 社科 | D 政治 | E 军事 | F 经济 | G 文教 | H 语言 | I 文学 | J 艺术 | K 史地 |
|---|---|---|---|---|---|---|---|---|---|---|---|
| 册数 | 1 | 166 | 57 | 2646 | 7 | 197 | 21 | 121 | 216 | 4 | 44 |
| 册% | 0.03% | 4.72% | 1.62% | 75.19% | 0.20% | 5.60% | 0.60% | 3.44% | 6.14% | 0.11% | 1.25% |
| 类别 | N 自然 | O 数理 | P 天文 | Q 生物 | R 医药 | S 农业 | T 工业 | U 交通 | V 航空 | X 环境 | Z 综合 |
| 册数 | 2 | 8 | 2 | 2 | 4 | 0 | 9 | 0 | 1 | 11 | 0 |
| 册% | 0.06% | 0.23% | 0.06% | 0.06% | 0.11% | 0.00% | 0.26% | 0.00% | 0.03% | 0.31% | 0.00% |

在所有借阅的西文图书中，政治法律类占据了西文总体借阅量的75.2%，说明在英文图书中，法律类图书的需求非常大，符合我校的专业特性。文学类图书馆藏利用率排在第二位，学校和学生个人都比较重视提高人文素养。根据中图分类法的类别，剩余的17个大类英文图书，借阅总计不足全部借阅量的5%，其中综合和农业类西文图书没有读者借阅。

## （三）读者借阅行为分析与图书推荐（以中图分类法为例）

### ■ 指标说明

最大类别：读者借阅的中图法分类图书册数最多的类别；

最大借阅量：最大类别的册数借阅总量；

总借阅量：读者借阅的中图法分类图书册数总量；

借阅率：最大借阅量与总借阅量的比值；

借阅前三类：读者借阅的中图法分类图书册数最多的前三个类别。

**备注：**由于博士研究生和教职工借阅记录较为分散、数据量较少，本次分析主要以本科生和硕士研究生为主。

1. 本科生借阅行为分析

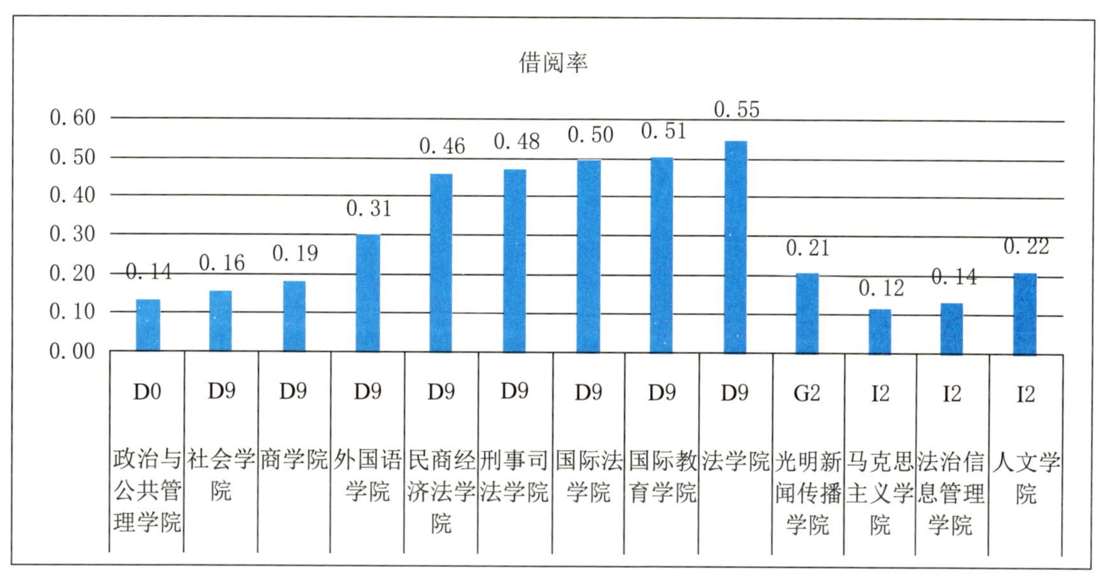


| 单位（本科生） | 最大类别 | 最大借阅量 | 总借阅量 | 借阅率 |
|---|---|---|---|---|
| 政治与公共管理学院 | D0 | 1639 | 11 977 | 0.14 |
| 法学院 | D9 | 6457 | 11 722 | 0.55 |
| 国际法学院 | | 7655 | 15 380 | 0.50 |
| 国际教育学院 | | 627 | 1233 | 0.51 |
| 民商经济法学院 | | 6934 | 14 991 | 0.46 |
| 商学院 | | 1846 | 9944 | 0.19 |
| 社会学院 | | 552 | 3438 | 0.16 |
| 外国语学院 | | 1520 | 4971 | 0.31 |
| 刑事司法学院 | | 6831 | 14 334 | 0.48 |
| 光明新闻传播学院 | G2 | 421 | 1997 | 0.21 |
| 法治信息管理学院 | I2 | 13 | 96 | 0.14 |
| 马克思主义学院 | | 280 | 2341 | 0.12 |
| 人文学院 | | 1149 | 5305 | 0.22 |

本科生借阅类别与学院、专业具有相关性。民商经济法学院、刑事司法学院、国际法学院、国际教育学院、法学院等本科生 D9 法律类图书借阅量最多；政治与公共管理学院本科生 D0 政治学、政治理论类图书借阅量最多；光明新闻传播学院本科生 G2 信息与知识传播类图书借阅量最多；法制信息管理学院、马克思主义学院、人文学院本科生 I2 中国文学类图书借阅最多。

商学院、社会学院、外国语学院借阅量最多的也是 D9 类；同时，虽然部分学院借阅量最多的不是 D9 类图书，但是仅次于 D0、G2、I2 的图书类别，这与我校法学教学特色相关。

部分学院最大类别图书借阅率较低，这表明本科生对与其专业相关图书的借阅量有待提高，同时也为图书馆日后采购提供了建议：针对这些学院的专业书籍可以增加采购数量、采购范围、采购种类等。

2. 本科生 2018 年借阅图书推荐

■ 指标说明

X 和 Y 分别是一组图书类别的集合

前件：关联规则是形如 X =>Y 的表达式，其中 X 是前件

后件：关联规则是形如 X =>Y 的表达式，其中 Y 是后件

前件支持度计数：X 在本科生借阅记录中被不同读者借阅的次数

后件支持度计数：Y 在本科生借阅记录中被不同读者借阅的次数

置信度：关联规则 X =>Y 的置信度是 P（Y/X），在 X 条件下 Y 的概率

根据本科生借阅记录，选择后件支持度计数大于等于 600，且置信度大于等于 0.5，生成关联规则。如下表。根据该表的规则显示，向读者推荐类别图书主要集中在 D9 和 I2 类图书中。

| 关联规则 | 前件支持度计数 | 后件支持度计数 | 关联规则 | 前件支持度计数 | 后件支持度计数 |
|---|---|---|---|---|---|
| H3=>D9 | 857 | 631 | K2=>D9 | 932 | 650 |
| C91=>D9 | 1231 | 890 | I=>D9 | 1717 | 1178 |
| B5=>D9 | 1108 | 800 | K=>D9 | 1276 | 872 |
| D6=>D9 | 1083 | 775 | I2=>D9 | 2381 | 1616 |
| I7=>D9 | 960 | 680 | D0=>D9 | 1135 | 764 |
| I3=>D9 | 997 | 706 | I7=>I2 | 960 | 639 |
| I2、I=>D9 | 1037 | 729 | K=>I2 | 1276 | 726 |

根据各学院本科生的借阅情况，分析图书推荐类别参考如下。（法治信息管理学院和国际教育学院因有效借阅读者数量较少，推荐图书类别较为分散）

| 单位（本科生） | 推荐图书类别（排序不分先后） | 单位（本科生） | 推荐图书类别（排序不分先后） |
|---|---|---|---|
| 法学院 | D9、I2、I | 人文学院 | I2、B2、B5、D9 |
| 法治信息管理学院 | - | 商学院 | F2、I2、D9、F0 |
| 光明新闻传播学院 | I2、G2、D9 | 社会学院 | C91、D9、 |
| 国际法学院 | D9、I2 | 外国语学院 | D9、I2、I |
| 国际教育学院 | - | 刑事司法学院 | D9、I2 |
| 马克思主义学院 | D0、A1、B82 | 政治与公共管理学院 | D0、D6、D9、 |
| 民商经济法学院 | D9、I2 | | |

3. 硕士研究生借阅行为分析

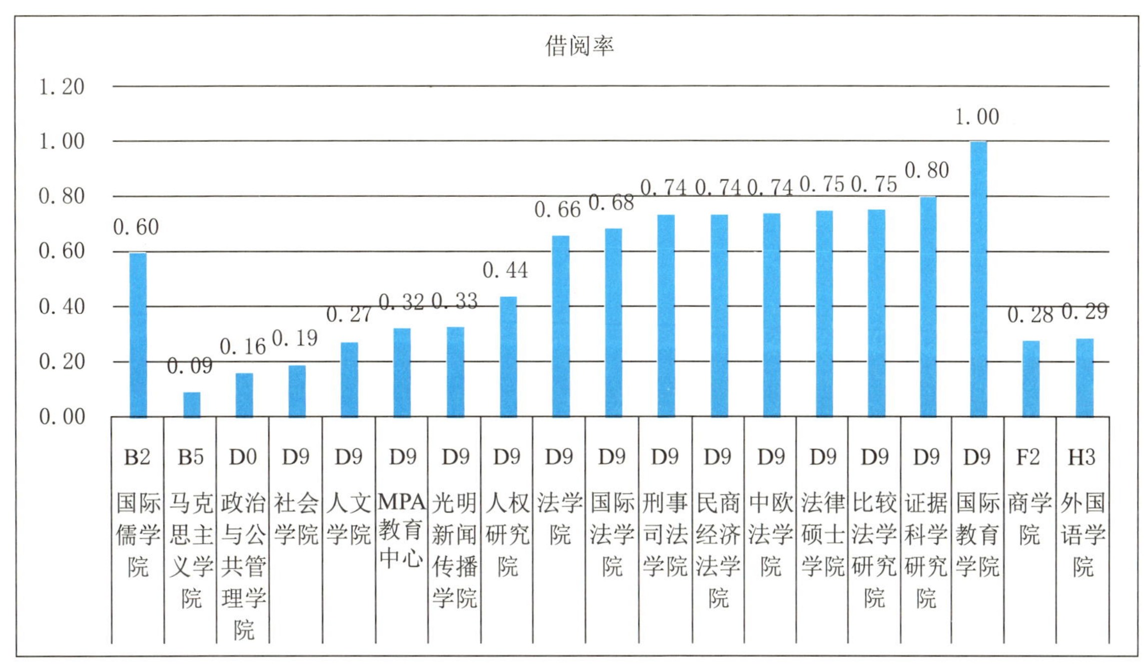


| 单位（硕士研究生） | 最大类别 | 最大借阅量 | 总借阅量 | 借阅率 |
|---|---|---|---|---|
| 国际儒学院 | B2 | 347 | 579 | 0.60 |
| 马克思主义学院 | B5 | 176 | 1934 | 0.09 |
| 政治与公共管理学院 | D0 | 1126 | 6908 | 0.16 |
| 社会学院 | D9 | 352 | 1868 | 0.19 |
| 人文学院 | | 1012 | 3684 | 0.27 |
| MPA 教育中心 | | 62 | 192 | 0.32 |
| 光明新闻传播学院 | | 833 | 2528 | 0.33 |
| 人权研究院 | | 400 | 912 | 0.44 |
| 法学院 | | 9609 | 14 514 | 0.66 |
| 国际法学院 | | 2676 | 3915 | 0.68 |
| 刑事司法学院 | | 6073 | 8244 | 0.74 |
| 民商经济法学院 | | 11 505 | 15 580 | 0.74 |
| 中欧法学院 | | 4619 | 6233 | 0.74 |
| 法律硕士学院 | | 10 799 | 14 382 | 0.75 |
| 比较法学研究院 | | 2904 | 3853 | 0.75 |
| 证据科学研究院 | | 2558 | 3190 | 0.80 |
| 国际教育学院 | | 3 | 3 | 1.00 |
| 商学院 | F2 | 746 | 2668 | 0.28 |
| 外国语学院 | H3 | 386 | 1335 | 0.29 |

硕士研究生借阅类别与学院、专业具有相关性。法学相关学院 D9 法律类图书借阅量最多；国际儒学院 B2 中国哲学类图书借阅量最多；马克思主义学院 B5 欧洲哲学类图书借阅量最多；政治与公共管理学院 D0 政治学、政治理论类图书借阅量最多；商学院 F2 经济管理类图书借阅量最多；外国语学院 H3 常用外国语类图书借阅量最多。

值得注意的是社会学院、人文学院、光明新闻传播学院借阅量最多的也是 D9 类；同时，虽然部分学院借阅量最多的不是 D9 类图书，但 D9 也能排到最大类别的前三甲，这与我校法学教学特色相关。

国际教育学院有一名读者借阅了 3 本图书，且这 3 本图书均为 D9 类图书，借阅率达到了 1，此数据因样本数据少，有效性较低。

4. 硕士研究生 2018 年借阅图书推荐

根据硕士研究生的借阅记录，选择后件支持度计数大于等于 400，且置信度大于等于 0.5，生成关联规则。规则显示，向读者推荐类别图书主要集中在 D9 类图书中。如下表。

| 关联规则 | 前件支持度计数 | 后件支持度计数 | 关联规则 | 前件支持度计数 | 后件支持度计数 |
|---|---|---|---|---|---|
| F8=>D9 | 727 | 629 | K=>D9 | 504 | 414 |
| H3=>D9 | 630 | 540 | F2=>D9 | 772 | 603 |
| I2=>D9 | 992 | 833 | C91=>D9 | 583 | 445 |
| I=>D9 | 579 | 485 | D6=>D9 | 731 | 537 |
| B5=>D9 | 530 | 439 | D0=>D9 | 669 | 486 |

根据各学院硕士研究生的借阅情况，2018 年这部分读者的图书推荐类别如下（由于部分学院硕士研究生有效借阅读者数量较少，推荐图书类别较为分散）。

| 单位（硕士研究生） | 推荐图书类别（排序不分先后） | 单位（硕士研究生） | 推荐图书类别（排序不分先后） |
|---|---|---|---|
| 国际儒学院 | - | 刑事司法学院 | D9、I2 |
| 马克思主义学院 | B5、B0、D0 | 民商经济法学院 | D5 |
| 政治与公共管理学院 | D0、D6 | 中欧法学院 | D9 |
| 社会学院 | D9、D6、C91 | 法律硕士学院 | D9、I2 |
| 人文学院 | D6、D9、K2 | 比较法学研究院 | D9 |
| MPA 教育中心 | - | 证据科学研究院 | D9 |
| 光明新闻传播学院 | G2、D9 | 国际教育学院 | - |
| 人权研究院 | D9、D0、D8、D6 | 商学院 | F2、F0、F8 |

## 五、图书借阅排行榜

### 数据说明

（1）借阅次数：一种图书在某段时间内所有复本的借阅次数之和。

（2）借阅比率：一种图书借阅次数与其复本数的比值（以下均按照借阅比率排序）。

（3）其他馆藏清单说明同后文。

（4）所有排行榜为 2017 年度前 20 名，所有排行榜均按借阅比率排序。

### （一）法律类中文图书借阅排行榜

| 题名 | 责任者 | 出版社 | 出版年 | 索书号 | 复本数 | 借阅次数 | 借阅比率 |
|---|---|---|---|---|---|---|---|
| 商法学（第 3 版） | 赵旭东 | 高等教育出版社 | 2015 | D923.991/34［3］ | 4 | 52 | 13.00 |
| 新民事诉讼法 | ［日］新堂幸司 | 法律出版社 | 2008 | D931.351/134 | 1 | 9 | 9.00 |
| 法学方法论 | ［德］卡尔·拉伦茨 | 商务印书馆 | 2003 | D90-03/4 | 7 | 57 | 8.14 |
| 域外个人数据保护法汇编 | 周汉华 | 法律出版社 | 2006 | D913.09/5 | 1 | 8 | 8.00 |
| 宪法学（第 5 版） | 焦洪昌 | 北京大学出版社 | 2013 | D921.01/30［5］ | 7 | 56 | 8.00 |
| 民法学（第 4 版） | 王利明 | 法律出版社 | 2015 | D923.01/32［2］ | 6 | 47 | 7.83 |
| 合同法（第 4 版） | 李永军 | 中国人民大学出版社 | 2016 | D923.6/30［4］ | 4 | 31 | 7.75 |
| 德国民法典（第 3 版） | 陈卫佐 | 法律出版社 | 2010 | D951.63/9［3］ | 6 | 46 | 7.67 |
| 认真对待权利 | ［美］罗纳德·德沃金 | 中国大百科全书出版社 | 1998 | D90/267 | 11 | 81 | 7.36 |
| 民法物权（第 2 版） | 王泽鉴 | 北京大学出版社 | 2010 | D923.204/21［2］ | 6 | 44 | 7.33 |
| 法律的概念（第 2 版） | ［英］哈特 | 法律出版社 | 2011 | D90/200［4］ | 11 | 80 | 7.27 |
| 法理学：法律哲学与法律方法修订版 | ［美］E. 博登海默 | 中国政法大学出版社 | 2004 | D90/281 | 21 | 150 | 7.14 |
| 证券法学（第 3 版） | 朱锦清 | 北京大学出版社 | 2011 | D922.287/39［2］ | 7 | 49 | 7.00 |

续表

| 题名 | 责任者 | 出版社 | 出版年 | 索书号 | 复本数 | 借阅次数 | 借阅比率 |
|---|---|---|---|---|---|---|---|
| 美国家庭法精要 | ［美］哈里·D. 格劳斯，大卫·D. 梅耶 | 中国政法大学出版社 | 2010 | D971. 239/3［2］ | 1 | 7 | 7. 00 |
| 美国民事诉讼的真谛：从历史、文化、实务的视角 | ［美］史蒂文·苏本，玛格瑞特（绮剑）·伍 | 法律出版社 | 2002 | D971. 251/2 | 1 | 7 | 7. 00 |
| 德国民法总论 | ［德］迪特尔·梅迪库斯 | 法律出版社 | 2013 | D951. 63/16［3］ | 8 | 56 | 7. 00 |
| 法理学（第2卷） | ［美］罗斯科·庞德 | 中国政法大学出版社 | 2007 | D90/57-2 | 1 | 7 | 7. 00 |
| 唐律疏议 | 岳纯之点校 | 上海古籍出版社 | 2013 | D929. 42/26 | 4 | 28 | 7. 00 |
| 破产重整控制权的法律配置 | 贺丹 | 中国检察出版社 | 2010 | D922. 291. 924/63 | 2 | 14 | 7. 00 |
| 侵权责任法（第2版） | 程啸 | 法律出版社 | 2015 | D923. 04/204［2］ | 4 | 28 | 7. 00 |

## （二）法律类西文图书借阅排行榜

| 题名 | 责任者 | 出版社 | 出版年 | 索书号 | 复本数 | 借阅次数 | 借阅比率 |
|---|---|---|---|---|---|---|---|
| Foreign law in civil litigation: a comparative and functional analysis | Sofie Geeroms | Oxford University Press | 2004 | D997. 1/E10 | 1 | 5 | 5. 00 |
| Addressing issues of corruption in commercial and investment arbitration | Domitille Baizeau, Richard Kreindler | International Chamber of Commerce | 2015 | D997. 4/E131 | 1 | 5 | 5. 00 |
| Principles of international investment law / Second edition | Rudolf Dolzer and Christoph Schreuer | Oxford University Press | 2012 | D996. 4/E14［2］ | 1 | 5 | 5. 00 |
| Principles of corporate insolvency law / 4th ed. | Roy Goode | Sweet & Maxwell | 2011 | D956. 122. 9/E81［4］ | 1 | 5 | 5. 00 |
| Children, parents, and the law: public and private authority in the home, schools, and juvenile | Leslie J. Harris, Lee E. Teitelbaum, Tamar R. Birckhead | Wolters Kluwer Law & Business | 2012 | D971. 239/E33［3］ | 1 | 5 | 5. 00 |

续表

| 题名 | 责任者 | 出版社 | 出版年 | 索书号 | 复本数 | 借阅次数 | 借阅比率 |
| --- | --- | --- | --- | --- | --- | --- | --- |
| Mergers and acquisitions / 3rd ed. | Stephen M. , Bainbridge | Foundation Press Thomson/ West | 2012 | D971. 222. 9 /E61 [3] | 1 | 5 | 5. 00 |
| The concept of law / Third edition | H. L. A. Hart; with a postscript edited by Penelope A. Bulloch and Joseph Raz; and with an introduction and notes by Leslie Green | None | None | D903/ E5 [3] | 1 | 5 | 5. 00 |
| Insurance and the law of obligations / First edition | Rob Merkin and Jenny Steele | Oxford University Press | 2013 | D956. 122. 8/E38 | 1 | 5 | 5. 00 |
| International and EU aviation law: selected issues | Elmar M. Giemulla and Ludwig Weber | Kluwer Law International | 2011 | D993. 4/ E21 | 1 | 5 | 5. 00 |
| International investment law: a Chinese perspective | Guiguo Wang | Routledge | 2014 | D996. 4/ E71 | 1 | 5 | 5. 00 |
| Life's dominion: an argument about abortion and euthanasia | Ronald Dworkin | HarperCollins | 1993 | D971. 227/E22 | 1 | 5 | 5. 00 |
| Legal writing in plain English: a text with exercises | Bryan A. Garner | University of Chicago Press | 2001 | D971. 261/E55 | 1 | 5 | 5. 00 |
| Treaty interpretation / Second edition | Richard K Gardiner | Oxford University Press | 2015 | D993. 8/ E13 [2] | 1 | 5 | 5. 00 |
| Expert evidence: law and practice / Fourth edition | Tristram Hodgkinson and Mark James | Thomson Reuters (Legal) | 2015 | D956. 15/E35 [4] | 1 | 5 | 5. 00 |
| The code of the Court of Arbitration for Sport: commentary, cases and materials | Despina Mavromati, Matthieu Reeb | Kluwer Law International | 2015 | D912. 16/E38 | 1 | 5 | 5. 00 |
| International criminal law | Douglas Guilfoyle | Oxford University Press | 2016 | D997. 9/ E251 | 1 | 5 | 5. 00 |
| Dispute settlement in the UN Convention on the Law of the Sea | Natalie Klein | Cambridge University Press | 2005 | D993. 5/ E20 | 1 | 5 | 5. 00 |
| A short history of Western legal theory | J. M. Kelly | Clarendon Press | 1992 | D90/E5 | 1 | 4 | 4. 00 |

续表

| 题名 | 责任者 | 出版社 | 出版年 | 索书号 | 复本数 | 借阅次数 | 借阅比率 |
|---|---|---|---|---|---|---|---|
| Understanding securities law / Sixth Edition | Marc I. Steinberg | LexisNexis | 2014 | D971.222.8/E13 [6] | 1 | 4 | 4.00 |
| Glanville Williams: learning the law | Glanville Williams | Sweet & Maxwell | 2002 | D90/E48 [12] | 1 | 4 | 4.00 |

## （三）非法律类中文图书借阅排行榜

| 类名 | 题名 | 责任者 | 出版社 | 出版年 | 索书号 | 复本数 | 借阅次数 | 借阅比率 |
|---|---|---|---|---|---|---|---|---|
| 语言文字 | 新日本语能力考试 N2 语法：归纳整理 + 全解全练 | 刘文照、[日] 海老原博 | 华东理工大学出版社 | 2014 | H369.35/1-2 | 2 | 20 | 10.00 |
| 马列 | 共产党宣言 | 马克思、恩格斯 | 人民出版社 | 2014 | A122/2 | 2 | 19 | 9.50 |
| 历史地理 | 叫魂：1768 年中国妖术大恐慌 | [美] 孔飞力 | 三联书店 | 2012 | K249.07/14 [2] | 4 | 38 | 9.50 |
| 社科总论 | SPSS 统计分析从入门到精通（第 2 版） | 陈胜可 | 清华大学出版社 | 2013 | C819/56 | 4 | 36 | 9.00 |
| 文化科学教育体育 | 菊与刀 | [美] 本尼迪克特 | 译林出版社 | 2013 | G131.32/8 [10] | 2 | 18 | 9.00 |
| 社科总论 | 乡土中国 | 费孝通 | 北京大学出版社 | 2012 | C912.82/7 [6] | 4 | 35 | 8.75 |
| 社科总论 | 枪炮、病菌与钢铁：人类社会的命运 | [美] 贾雷德·戴蒙德 | 上海译文出版社 | 2016 | C912.4/52 [3] | 2 | 17 | 8.50 |
| 社科总论 | 乌合之众：大众心理研究： | [法] 古斯塔夫·勒庞 | 广西师范大学出版社 | 2015 | C912.64/4 [11] | 2 | 17 | 8.50 |
| 社科总论 | 社会研究方法 | [美] 艾尔·巴比 | 华夏出版社 | 2009 | C91-03/4 [4] | 2 | 17 | 8.50 |
| 经济 | 通往奴役之路（修订版） | [英] 哈耶克 | 中国社会科学出版社 | 2013 | F091.352.1/10 [2] | 6 | 51 | 8.50 |

续表

| 类名 | 题名 | 责任者 | 出版社 | 出版年 | 索书号 | 复本数 | 借阅次数 | 借阅比率 |
| --- | --- | --- | --- | --- | --- | --- | --- | --- |
| 语言文字 | 十天突破雅思口语：（剑 11 版）（第 6 版） | 慎小嶷 | 机械工业出版社 | 2016 | H319.9/502［3］ | 4 | 33 | 8.25 |
| 语言文字 | 新 GRE 写作 5.5（最新修订版） | 李建林 | 外语教学与研究出版社 | 2011 | H315/639 | 2 | 16 | 8.00 |
| 语言文字 | 英文合同阅读指南：英文合同的结构、条款、句型与词汇分析（增订版） | 乔焕然 | 中国法制出版社 | 2015 | H319.4/1460［2］ | 2 | 16 | 8.00 |
| 历史地理 | 万历十五年（增补本） | 黄仁宇 | 九州出版社 | 2015 | K248.307/1［8］ | 2 | 16 | 8.00 |
| 马列 | 1844 年经济学哲学手稿：附有按照手稿写作顺序编排的文本 | 马克思 | 人民出版社 | 2014 | A121/5［2］ | 2 | 15 | 7.50 |
| 经济 | 经济学原理·宏观经济学分册 | ［美］曼昆（N. Gregory Mankiw） | 北京大学出版社 | 2015 | F0/22［5］-2 | 2 | 15 | 7.50 |
| 语言文字 | 雅思真词汇（第 5 版） | 胡敏 | 世界知识出版社 | 2016 | H313/465 | 2 | 15 | 7.50 |
| 语言文字 | 法律英语核心词汇速记词典：（最新版·增订版） | 乔焕然、武军 | 中国法制出版社 | 2014 | H316/134 | 2 | 15 | 7.50 |
| 历史地理 | 人类简史：从动物到上帝（第 2 版） | ［以色列］尤瓦尔·赫拉利 | 中信出版社 | 2017 | K02/90［2］ | 2 | 15 | 7.50 |
| 历史地理 | 总统是靠不住的：近距离看美国之二 | 林达 | 生活·读书·新知三联书店 | 2015 | K971.2/35［3］-2 | 2 | 15 | 7.50 |

## （四）非法律类西文图书借阅排行榜

| 类名 | 题名 | 责任者 | 出版社 | 出版年 | 索书号 | 复本数 | 借阅次数 | 借阅比率 |
| --- | --- | --- | --- | --- | --- | --- | --- | --- |
| 哲学 | Kierkegaard in 90 minutes | Paul Strathern | I. R. Dee | 1997 | B534/E2 | 2 | 11 | 5.50 |
| 语言文字 | The Elements of style / 4th ed. | William Strunk Jr.; with revisions, an introduction, and a chapter on writing by E. B. White; [foreword by Roger Angel] | Allyn and Bacon | 2000 | H315/E133［4］ | 1 | 5 | 5.00 |

续表

| 类名 | 题名 | 责任者 | 出版社 | 出版年 | 索书号 | 复本数 | 借阅次数 | 借阅比率 |
|---|---|---|---|---|---|---|---|---|
| 环境科学安全科学 | Harnessing foreign investment to promote environmental protection: incentives and safeguards | Pierre-Marie Dupuy and Jorge E. Viñuales | Cambridge University Press | 2013 | X196/E22 | 1 | 5 | 5.00 |
| 哲学 | Oxford studies in normative ethics | Mark Timmons | Oxford University Press | 2011 | B82/E70 | 1 | 4 | 4.00 |
| 哲学 | Shaping the normative landscape | David Owens | Oxford University Press | 2014 | B82/E131 | 1 | 4 | 4.00 |
| 经济 | Introductory econometrics: a modern approach / 5th ed | Jeffrey M. Wooldridge = 计量经济学导论：现代观点 / 杰弗里 . M. 伍德里奇 | 清华大学出版社 | 2014 | F224.0/E2 [5] -（2014） | 2 | 8 | 4.00 |
| 哲学 | The Cambridge companion to Kierkegaard | edited by Alastair Hannay and Gordon D. Marino = 克尔凯郭尔 / 阿拉斯泰尔汉内戈登 D. 马里诺 | 生活 · 读书 · 新知三联书店 | 2006 | B534/E1 | 7 | 26 | 3.71 |
| 哲学 | Utilitarianism; and, On liberty: including Mill's 'Essay on Bentham' and selections from the wr | [John Stuart Mill]; edited with an introduction by Mary Warnock | Blackwell Pub. c Malden , MA: | 2003 | B561.42/E6 [2] | 1 | 3 | 3.00 |
| 社科总论 | Mirror for humanity: a concise introduction to cultural anthropology / 7th ed | Conrad Phillip Kottak | McGraw-Hill | 2009 | C912.4/E6 [7] | 1 | 3 | 3.00 |
| 经济 | Corporate finance cases and materials /7th ed | William W. Bratton | Foundation Press | 2012 | F27/E23 [7] | 1 | 3 | 3.00 |
| 经济 | For a new West: essays, 1919-1958 / English edition | Karl Polanyi; edited by Giorgio Resta and Mariavittoria Catanzariti; preface by Kari Polanyi Le | Polity Press | 2014 | F119.5/E1 | 1 | 3 | 3.00 |

续表

| 类名 | 题名 | 责任者 | 出版社 | 出版年 | 索书号 | 复本数 | 借阅次数 | 借阅比率 |
|---|---|---|---|---|---|---|---|---|
| 经济 | Understanding the North American Free Trade Agreement: legal and business consequences of NAFTA/3 | Leslie Alan Glick | Kluwer Law International | 2010 | F757. 100/E1 | 1 | 3 | 3. 00 |
| 文化、科学、教育、体育 | Life: advanced. C1 / | Paul Dummett, John Hughes, Helen Stephenson | National geographic learning | 2014 | G633. 41/E4 | 1 | 3 | 3. 00 |
| 语言、文字 | Style: ten lessons in clarity and grace / 5th ed | Joseph M. Williams | Longman | 1997 | H315/E88 [5] | 1 | 3 | 3. 00 |
| 环境科学、安全科学 | Theory and practice of transboundary environmental impact assessment | Kees Bastmeijer, Timo Koivurova | Martinus Nijhoff Publishers | 2008 | X820. 3/E1 | 1 | 3 | 3. 00 |
| 工业技术 | Introduction to network security: theory and practice = 网络安全导论：理论与实践 | Jie Wang, Zachary A. Kissel. | 高等教育出版社 | 2015 | TP393. 08/E3 | 2 | 5 | 2. 50 |
| 哲学 | The gay science | Friedrich Nietzsche | Central compilation & Translation Press | 2012 | B516. 47/E8 | 4 | 9 | 2. 25 |
| 哲学 | Utilitarianism | John Stuart Mill; edited, with an introduction, by George Sher | Hackett Pub. | 2001 | B561. 42/E2 [2] | 1 | 2 | 2. 00 |
| 哲学 | Psychology and life / 16th ed | Richard J. Gerrig, Philip G. Zimbardo | Allyn and Bacon | 2002 | B84/E65 [16] | 1 | 2 | 2. 00 |
| 哲学 | John Stuart Mill and freedom of expression: the genesis of a theory | K. C. O'Rourke | Routledge | 2001 | B561. 42/E7 | 1 | 2 | 2. 00 |

## （五）文学类中文图书借阅排行榜

| 题名 | 责任者 | 出版社 | 出版年 | 索书号 | 复本数 | 借阅次数 | 借阅比率 |
|---|---|---|---|---|---|---|---|
| 东方快车谋杀案 | ［英］阿加莎·克里斯蒂 | 人民文学出版社 | 2006 | I561.45/199 | 2 | 24 | 12.00 |
| 恶意（第3版） | ［日］东野圭吾 | 南海出版公司 | 2016 | I313.45/379［2］ | 2 | 23 | 11.50 |
| 三体.II，黑暗森林 | 刘慈欣 | 重庆出版社 | 2008 | I247.55/36-2 | 4 | 45 | 11.25 |
| 三体 | 刘慈欣 | 重庆出版社 | 2008 | I247.55/36 | 4 | 44 | 11.00 |
| 嫌疑人X的献身 | ［日］东野圭吾 | 南海出版公司 | 2010 | I313.45/269 | 4 | 44 | 11.00 |
| 解忧杂货店 | ［日］东野圭吾 | 南海出版公司 | 2014 | I313.45/426 | 2 | 21 | 10.50 |
| 嫌疑人X的献身（第2版） | ［日］东野圭吾 | 南海出版公司 | 2014 | I313.45/269［2］ | 4 | 42 | 10.50 |
| 围城（第2版） | 钱钟书 | 人民文学出版社 | 1991 | I246.5/8［3］ | 2 | 21 | 10.50 |
| 三体.Ⅲ，死神永生，Dead end | 刘慈欣 | 重庆出版社 | 2010 | I247.55/36-3 | 4 | 42 | 10.50 |
| 放学后 | ［日］东野圭吾 | 南海出版公司 | 2013 | I313.45/372 | 4 | 41 | 10.25 |
| 秘密 | ［日］东野圭吾 | 化学工业出版社 | 2013 | I313.45/400 | 4 | 41 | 10.25 |
| 信 | ［日］东野圭吾 | 译林出版社 | 2014 | I313.45/467 | 2 | 20 | 10.00 |
| 活着.第3版 | 余华 | 作家出版社 | 2012 | I247.5/60［4］ | 1 | 10 | 10.00 |
| 虚无的十字架 | ［日］东野圭吾 | 湖南文艺出版社 | 2015 | I313.45/532 | 2 | 20 | 10.00 |
| 无声告白 | ［美］伍绮诗 | 江苏凤凰文艺出版社 | 2015 | I712.45/1115 | 2 | 20 | 10.00 |
| 巨人的陨落 | ［英］肯·福莱特 | 江苏凤凰文艺出版社 | 2016 | I561.45/497 | 6 | 58 | 9.67 |

续表

| 题名 | 责任者 | 出版社 | 出版年 | 索书号 | 复本数 | 借阅次数 | 借阅比率 |
|---|---|---|---|---|---|---|---|
| 悟空传：完美纪念版 | 今何在 | 湖南文艺出版社 | 2011 | I247. 59/81 | 2 | 19 | 9. 50 |
| 新参者 | ［日］东野圭吾 | 南海出版公司 | 2011 | I313. 45/449 | 2 | 19 | 9. 50 |
| 毕业 | ［日］东野圭吾 | 南海出版公司 | 2012 | I313. 45/324 | 4 | 37 | 9. 25 |
| 1984 | ［英］乔治・奥威尔 | 译林出版社 | 2013 | I561. 45/454 | 2 | 18 | 9. 00 |

## 六、自助设备情况

图书馆目前的自助设备包括自助借还、自助文印以及座位管理系统。本次报告针对上述设备作以下分析。

### （一）自助借还利用情况

我馆自 2015 年 3 月正式启用自助借还设备，受到读者的好评。

1. 自助借还占所有外借比例

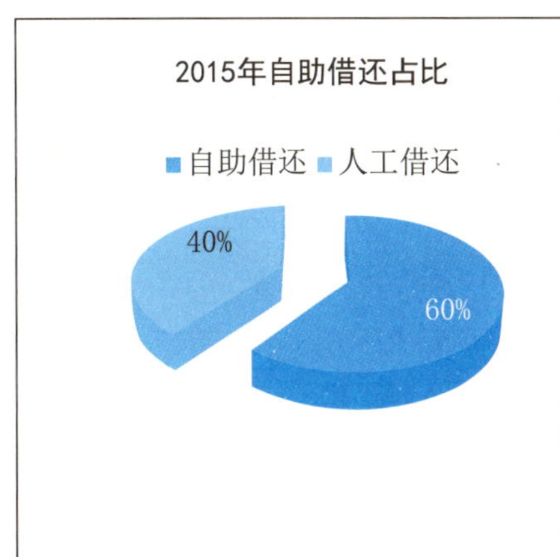


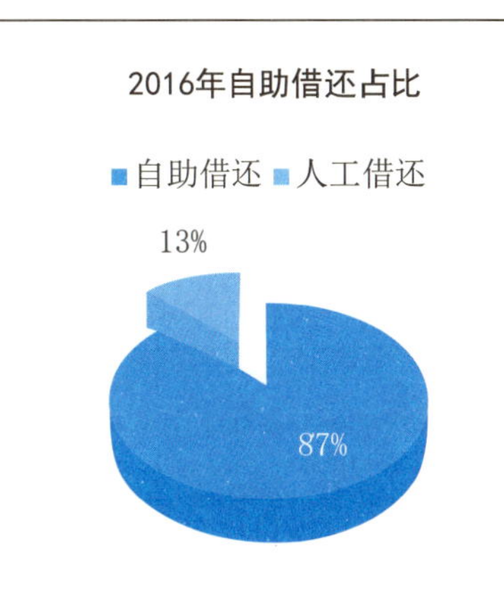


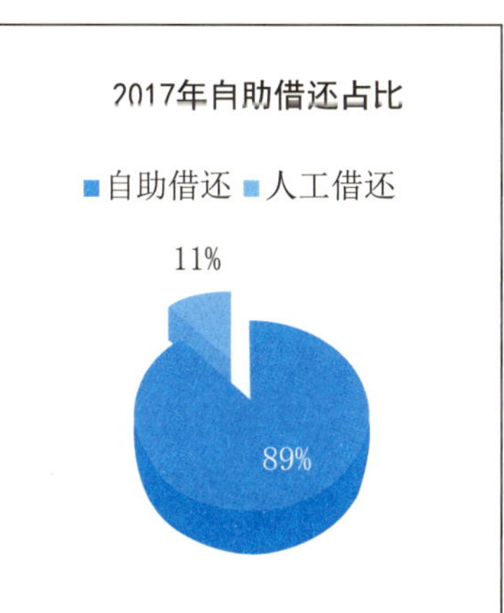


| 年度 | 2015 | 2015 占比 | 2016 | 2016 占比 | 2017 | 2017 占比 |
|---|---|---|---|---|---|---|
| 自助借还 | 426 291 | 60. 5% | 599 380 | 87. 4% | 531 650 | 88. 5% |
| 人工借还 | 278 541 | 39. 5% | 86 605 | 12. 6% | 69 011 | 11. 5% |
| 合计 | 704 832 | 100% | 685 985 | 100% | 600 661 | 100% |

2015 年自助借还占了全馆的 60. 5%，随着读者对自助借还设备的认知程度逐年提升，利用率也越来越高，2017 年已经上升至 88. 5%，也就意味着除了特殊图书（带有光盘、预约等）需要人工进行处理外，其余图书基本上实现了自助借出和归还。

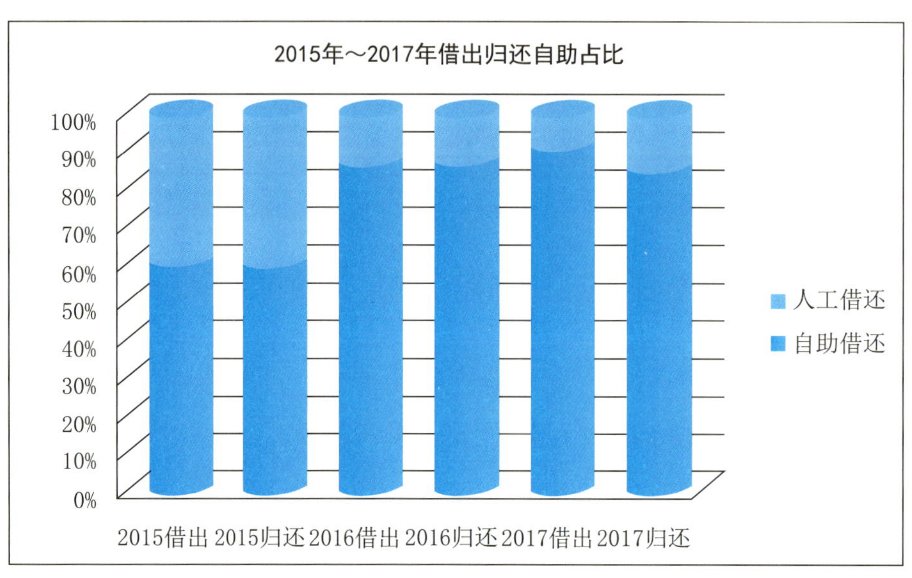


| 年度 | 2015 借出 | 2015 归还 | 2016 借出 | 2016 归还 | 2017 借出 | 2017 归还 |
| --- | --- | --- | --- | --- | --- | --- |
| 自助借还 | 214 204 | 212 087 | 298 061 | 301 319 | 275 185 | 256 465 |
| 人工借还 | 138 631 | 139 910 | 43 278 | 43 327 | 25 603 | 43 408 |

2015 年~2017 年近三年时间，无论是在借出还是在归还方面，读者使用自助借还的频率越来越高。2017 年暑期由于更换了 RFID 设备，部分图书必须进行人工归还，所以导致该年度人工还书的数量比人工借出的数量高出近 2 万册。

2. 自助借还月度统计

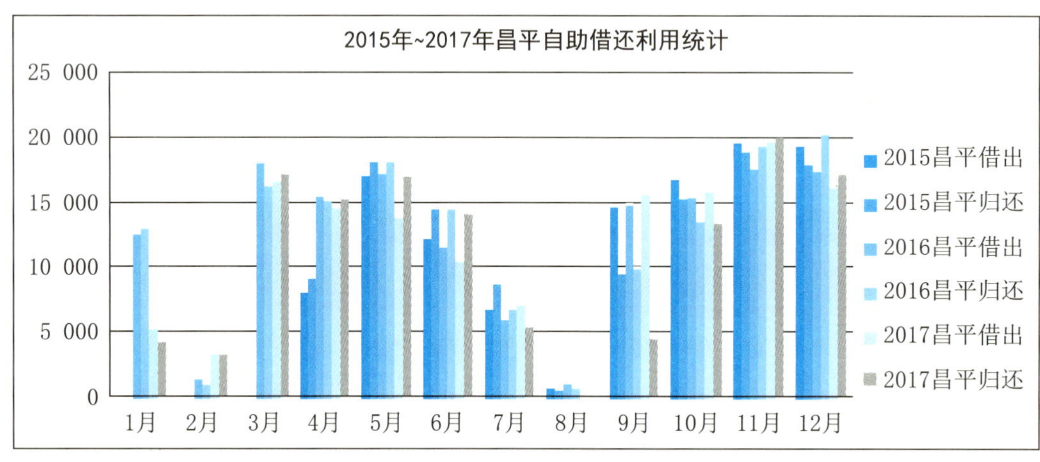

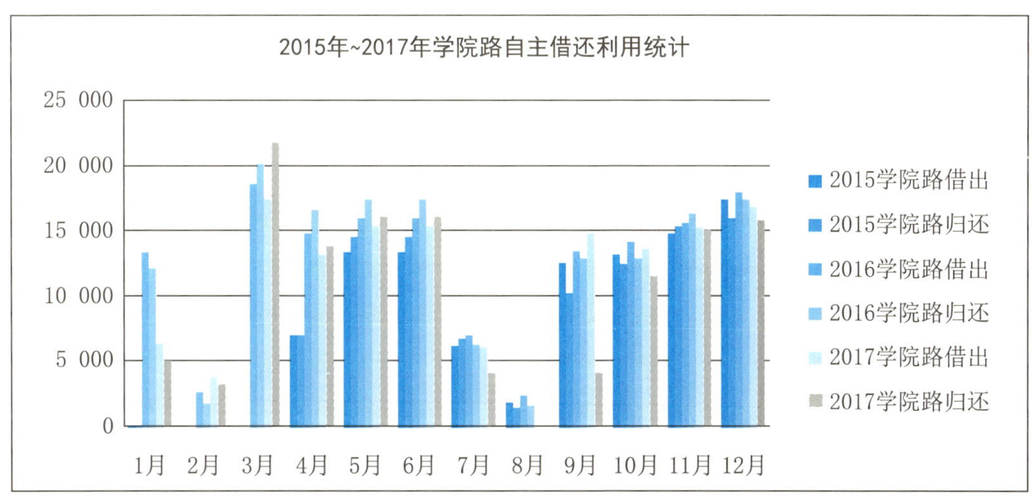


2015 年~2017 年近三年两校区自助借还的利用趋势基本一致，每年的 2 月和 8 月受学校寒暑假的影响，这两个月份的利用率最低。高峰期集中在 3 月、5 月、11 月和 12 月，基本上开学和考试季读者对自助借还的利用率最高。

### （二）座位管理系统利用情况

#### 数据说明（不含 2017 级新生数据）

1. 选座系统总人次分析

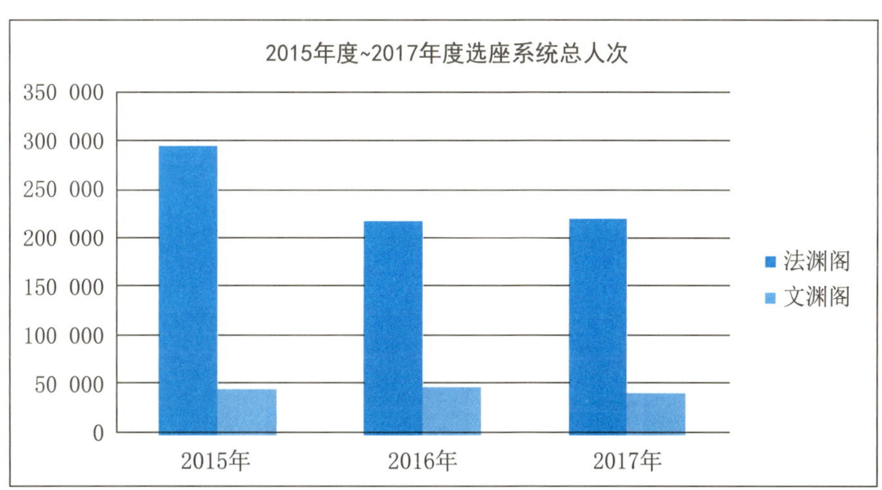


| 年份 | 法渊阁 | 文渊阁 |
| --- | --- | --- |
| 2015 年 | 296 437 | 44 893 |
| 2016 年 | 218 981 | 47 579 |
| 2017 年 | 221 476 | 42 447 |

从近三年的数据看，法渊阁的服务人次每年大于 20 万，文渊阁的服务人次稳定在 4.5 万左右。2017 年法渊阁的服务人次比 2016 年有所增高，文渊阁比 2016 年有所降低。

2. 年度选座方式统计

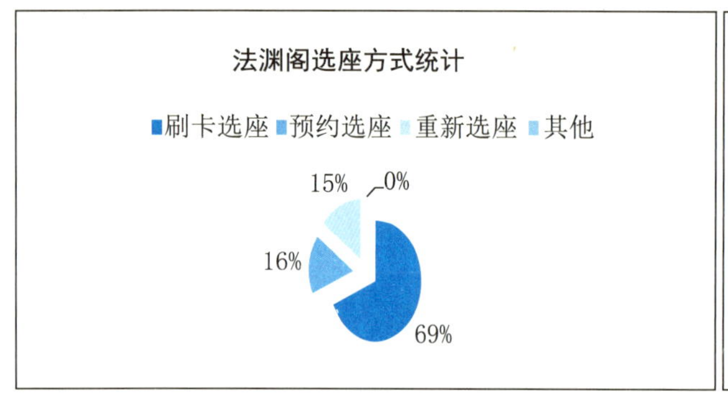


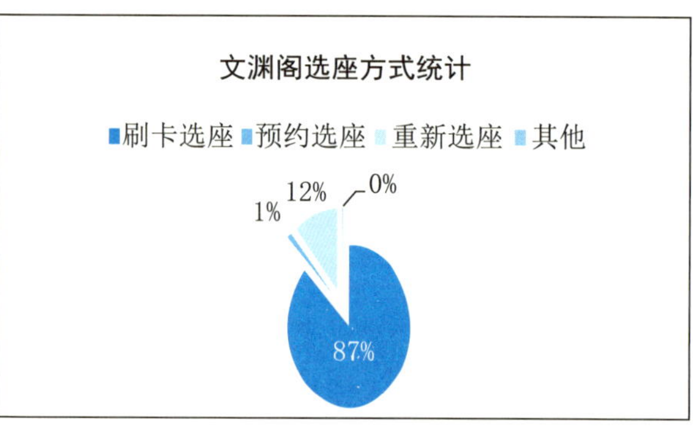


| | 刷卡选座 | 预约座位 | 重新选座 | 其他 |
|---|---|---|---|---|
| 法渊阁 | 151 031 | 35 104 | 33 321 | 3 |
| 文渊阁 | 36 983 | 404 | 5000 | 60 |

法渊阁和文渊阁的主要选座方式均为刷卡选座，法渊阁的刷卡选座约占总人次的 2/3；文渊阁的刷卡选座约占总人次的 4/5。由于文渊阁预约界面需要二次选择，许多学生不知道，此外，学生去文渊阁自习的意愿低于法渊阁，导致文渊阁预约比例较低。

3. 年度离开方式统计

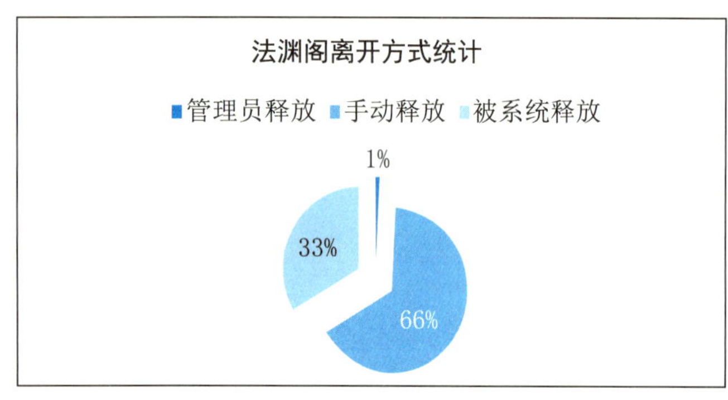


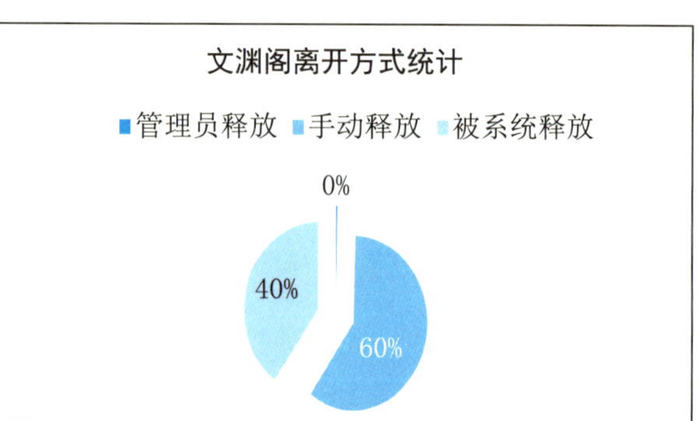


| | 管理员释放 | 手动释放 | 被系统释放 |
|---|---|---|---|
| 法渊阁 | 1671 | 144 620 | 73 168 |
| 文渊阁 | 177 | 25 261 | 17 009 |

从 2017 年的离开方式统计可以看出，绝大多数学生能够遵守座位系统使用规则。

4. 在座时长统计

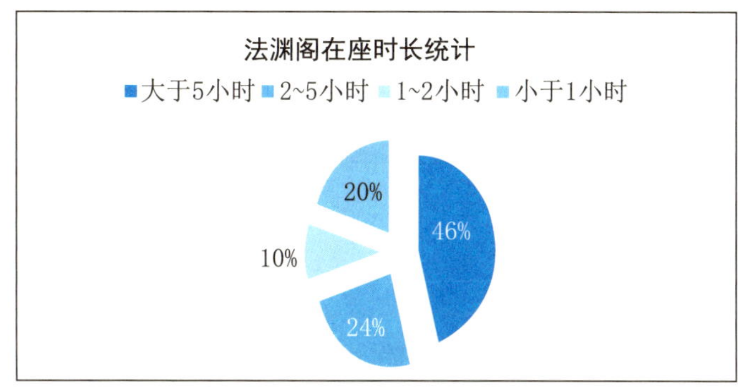


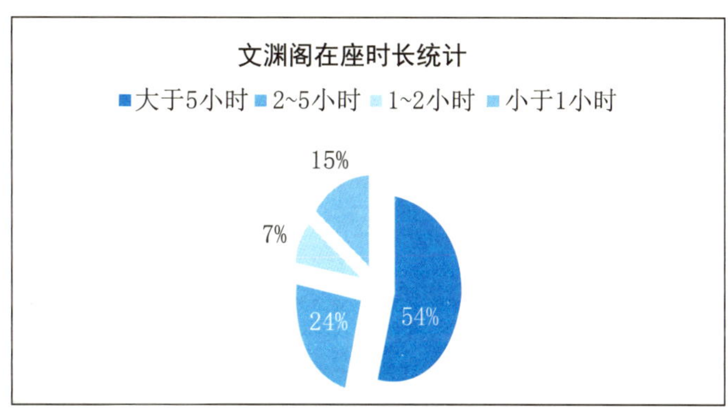


| | 大于 5 小时 | 2~5 小时 | 1~2 小时 | 小于 1 小时 |
|---|---|---|---|---|
| 法渊阁 | 100 849 | 53 314 | 21 280 | 44 016 |
| 文渊阁 | 22 935 | 10 100 | 3137 | 6275 |

从 2017 年的在座时长统计数据中可以看出，约 70%的读者使用座位时间在 2 小时以上，使用座位 5 小时以上的读者约占 50%。

### （三）自助文印设备使用情况

#### ■ 数据说明

页数定义：1024k 大小为一页。

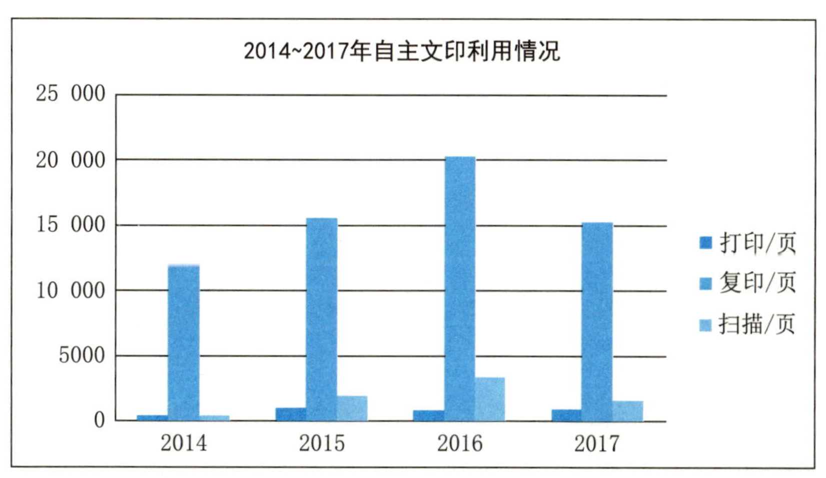

| 年度 | 打印/页 | 复印/页 | 扫描/页 |
|---|---|---|---|
| 2014 | 416 | 12 000 | 382 |
| 2015 | 1027 | 15 586 | 1900 |
| 2016 | 867 | 20 298 | 3368 |
| 2017 | 884 | 15 317 | 1608 |

我馆 2014 年在学院路校区配备了自助文印设备。近四年该设备运行良好。2016 年达到了利用的峰值，复印和扫描数量较高。2017 年打印数量与 2016 年基本持平，复印数量为 15 317 页，比 2016 年同比下降 24.5%；扫描数量为 1608 页，比 2016 年同比下降 52.2%。

## 七、馆藏资源利用分析结果及策略研究

### （一）馆藏资源利用分析结果

截至 2017 年底，我馆保有馆藏文献 59.6 万种，244 万册。其中图书 58.7 万种，约 233 万册；期刊 5062 种，10.23 万册。图书和期刊的保存量（按册）占到全部馆藏总量的 99.5%。2017 年，全馆可借中图分类法文献近 150 万册，共借阅了近 30 万册，全馆文献外借率仅为 19.5%，意味着有 80%的可借文献并没有被读者利用。在所有借阅的中文图书中，政治法律类最多（56.3%），文学类第二（12.1%），经济类（8.1%）和哲学类（7.7%）紧随其后。借阅比例最少的为航空航天和农业类。在所有借阅的西文图书中，政治法律类占据了西文总体借阅量的 75.2%，文学类排在第二位，综合和农业类西文图书没有读者借阅。

从近五年的借阅数据来看，借出和归还的数量逐年下降，这已经显示出读者的阅读习惯随着互联网信息技术的发展发生了一定的改变。2017 年全馆借阅量达 30 万余册，其中学生读者借阅量 25.5 万册，平均借阅量 17 册。借阅量最大值为本科生，但在借阅的平均值中，博士研究生居于榜首，达到了 31 册。本科生中，人文学院借阅图书的比例最高，国际教育学院的读者借书比例最低；硕士研究生中，国际儒学院借阅图书的比例最高，MPA 教育中心的读者借书比例最低。全馆读者持有图书的平均天数为 35 天，说明读者借阅流程越来越规范，按时还书的意识有所提高。借阅周期在 11 天~30 天和 31 天~60 天的图书最多。

2017 年借阅行为分析显示：本科生、研究生喜欢借阅与本学院专业相关类别的图书，而同一学院的研究生比本科生更偏爱借阅与本学院专业相关类别的图书；非法学类学院的学生也喜欢借阅 D9 法律类图书，如商学院、社会学院、外国语学院的本科生，社会学院、人文学院、光明新闻传播学院的硕士研究生借阅量最多的都是 D9 类；部分学院的本科生、研究生对与学院专业相关类别图书的借阅率较低。

2017 年，进馆人次有了一些下降，但进馆人数自 2011 年起逐年增加。2017 年本科生的进馆人数增长了 33.5%，硕士生增长了 33.6%，博士生增长了 35.0%，教职工进馆人数增长了 25.9%。全体读者的进馆比为 78.5%。其中，本科生的进馆比例最高（92.7%），教职工的进馆比例最低（37.7%）。教学机构与科研机构的教职工进馆比例又高于校部机关教职工的进馆比例。就学院整体看，2017 年学院平均进馆率为 83.7%，光明新闻传播学院、刑事司法学院和社会学院的进馆比最高，继续教育学院进馆比最低，仅有 27.6%。

图书馆目前的自助设备包括自助借还、自助文印以及座位管理系统。①自助借还：自图书馆在 2015 年 3 月正式启用以来，随着读者对自助借还设备的认知程度逐年提升，利用率也越来越高，占全馆借还量的比例从 2015 年的 60.5%，上升到 2017 年的 88.5%。②自助文印：2014 年在学院路校区配备了自助文印设备，文印量逐年增加。2017 年打印数量与 2016 年基本持平，复印和扫描数量有所降低。③座位管理

系统：2015 年在昌平图书馆引进，从近三年的数据看，法渊阁的服务人次每年大于 20 万，文渊阁的服务人次稳定在 4.5 万左右。2017 年，约 70%的读者使用座位时间在 2 小时以上，使用座位 5 小时以上的读者约占 50%。

### （二）策略研究

针对馆藏资源利用情况的数据分析，提出以下措施提升我馆馆藏资源利用：

（1）提升读者阅读兴趣，调动读者积极性。近年来图书馆的读者借阅量逐年下降，主要原因是读者的阅读习惯发生了改变，读者不再局限于纸质阅读，而是利用网络、手持电子阅读器等随时随地阅读自己感兴趣的内容。针对此现象，图书馆应加大自身的宣传力度，利用图书馆网站、宣传栏、电子屏幕以及微信等多种形式，做好新书推荐。可以举办优秀读者等评选活动；针对新生举办“新生入馆培训”系列活动，如介绍图书分类排架原理、图书检索等知识；开发“新生入馆答题闯关”小程序，使新生尽快熟悉图书馆的馆藏与资源。

（2）合理分配各学科图书的采购比例，优化馆藏结构。图书馆采购工作要依照学校发展的规模和学科设置，完善藏书结构，合理地分配图书文献资源。对于科研前沿、新兴学科和社会动态应给予充分关注，保障教学科研需要。在图书采购中，逐步增加法学学科以外专业图书的订购，针对部分学院专业类别，如 D0、G2、B5、F2、H3 等增加图书采购范围、采购种类、采购数量等，积极邀请学院老师、同学参与图书荐购。读者需求与馆藏资源建设体系是一个动态变化过程，应依据读者需求适时调整采购策略，实现馆藏资源的合理优化配置。

（3）建立合理的图书剔旧制度。图书馆应周期性跟踪流通数据，对利用率低的图书及时采取剔旧、减少复本量或调整库位等措施，避免无用信息稀释有用信息；对流通需求量大但馆藏复本有限的文献，应及时补充复本，降低拒借率。通过剔旧工作合理确定馆藏数量，形成藏书剔旧机制，不仅可以缓解书库的运转压力，也可方便读者查找图书。

（4）提高读者参与度，开展特色推介服务。先进的服务观念、用心服务的理念是改进图书馆服务质量的核心，为此，图书馆应制定科学的“动态”图书服务体系，变被动服务为主动服务。在全校范围内大力开展图书推介活动，对各专业、各年级的学生进行群体划分，并联合学院、授课教师针对不同群体的特点推介与他们专业学习信息相关的图书资料。开办相关推介论坛与图书服务交流会，引发学生对图书的兴趣。同时，积极举办各类“读书月”活动，主动了解各专业的科研专题，了解其阅读需要。

（5）重视技术的应用，改善图书馆的软硬件设施。随着网络信息技术的发展，图书馆应重视技术对读者服务的应用。近年来，我馆一直在馆舍条件不足的客观情况下，致力于硬件设备的引入和软件系统服务的提升，引入了自助复印设备、自助借还设备和座位管理系统，为读者自助服务奠定了基础的软硬件环境。2017 年更换了 RFID 设备，通过无线射频技术定位馆藏资源，引导读者有效使用馆藏资源，进一步提升软硬件服务水平。但仍有一些不足，如目前我馆自助文印设备仅学院路校区有一台，建议在昌平校区图书馆至少增添一台自助文印设备，保证两校区读者都能轻松便捷地使用此系统。

## 八、结语

“以读者为中心”是图书馆一切工作的出发点，读者阅读倾向和信息需求决定了馆藏资源体系建设。通过馆藏资源利用的数据，对读者进馆、借阅、自助设备使用等情况进行分析，动态调整馆藏品种、优化馆藏资源，有效提高图书馆服务质量，为我校推进世界一流法学学科、世界一流大学贡献力量。

# 第三篇 信息素养与人才培养过程质量分析报告

## 一、研究背景

20 世纪 80 年代以来，随着计算机技术、多媒体技术和网络通信技术的高速发展，我们的社会已逐步从工业社会向信息社会进行转变。信息社会的产生源于查找、获取、分析、利用信息和知识的能力，能够获取这种能力并与人的职业生涯相结合，这种能力就是信息素养。在信息资源成为生产力要素的时代下，高校师生要具有信息素养的能力，包括快速准确地获取和鉴别信息的能力，创造性地分析、加工和利用信息的能力，这样才能更好地适应信息化社会的学习发展需要。

信息素养是终身学习所需要具备的基本技能。在信息大爆炸的时代，学生要进行有效学习，就要学会如何快速准确地获取到所需要的有价值的信息，信息素养就自然而然地成为他们终身学习的基础。现代社会，大学的教育已不再是单纯的“填鸭式”教学，受教育者也不是仅仅吸收大量的信息而已。大学教育大多已倾向于教会学生如何分析需求、获取信息以及如何评价和应用所筛选出的信息，所以信息素养是终身学习的过程中所必需的基本技能。

信息素养是科技创新所需要的基本技能。21 世纪是信息时代，科技创新是推动社会发展的原动力。较高的信息素养就会具备较强的信息意识和较高的获取信息的能力进而引发科技创新。想要达到科技创新，首先要掌握足够多的信息，充分了解目前的进展情况，然后对已有信息进行提炼，进而激发自己的灵感完成创新。然而具备一定信息素养的人才能够对信息资源进行处理再加工，可以从大量的信息资料中提炼出新的思想和方法，从而达到创新的目的。所以如果不注重信息素养的培养，是很难做到创新的，只有在培养信息素养的过程中增强自己的敏锐的感知力，提高对一般信息进行合理的逻辑推理的能力，才能获得更有价值的新信息，最终激发创新的灵感。

本报告是通过对法大师生信息素养进行问卷调查，具体从信息意识、信息技能及信息道德三个方面进行分析，并围绕本校图书馆利用情况及图书馆在信息素养培育方面的辅助作用进行调查。通过对调查结果进行分析研究，探求解决问题的方法，从而为高校信息素养教育提供借鉴作用。

## 二、研究意义

信息作为当前社会最活跃、最先进、最有发展前景的因素，信息素养直接体现的是人们的自主学习能力。通过对信息素养的调查和分析，我们不仅能够直观地感受到高校师生整体的信息素养实际状况，更重要的是能够引起师生和学校两方面的关注。对于师生而言，要在注重加强信息意识和提高信息获取能力的同时，更加注重信息道德的提高；对于学校而言，要提高对信息素养教育的重视程度，将其列为与学科教育同等重要的地位。

## 三、方案设计

### （一）调查方式

这份报告的数据来源采用问卷调查的方式。一方面，问卷题目和选项的设计能直接反映出我们的研究目的，如信息意识、信息获取能力、信息道德等，主观题更能反映用户的需求；另一方面，对问卷的整理与分析便于我们把主题分析和综合分析结合起来，从整体上把握数据之间的内在联系。

### （二）对象选取

中国政法大学全校师生，包括教师、行政人员、本科生、硕士生、博士生等。

### （三）具体实施方案

使用问卷星制作了电子版调查问卷，宣传方式有：①图书馆微信公众号、学校微信公众号推送问卷；②设计宣传海报在校内多处做宣传；③在图书馆借阅台设置问卷二维码，用户可扫描填写问卷；④面对面向用户推荐问卷。

## 四、评价指标

信息素养是一种综合能力，是培养用户有信息需求时，能够有效地检索、评估和利用信息；培养用户能够将获取的信息和自身拥有的信息知识相融合，构建新的知识体系，帮助他们合理、合法地获取和利用信息的综合能力。信息素养是在信息化社会中个体成员所具备的各种信息品质。本报告从以下三个方面考察用户信息素养的高低：

（1）信息意识。指人对信息的敏锐的感受力、判断力和洞察力。

（2）信息能力。指人们在社会生活及科研活动中捕获、选择、加工、传递、吸收、利用信息的能力，以及将信息物化为精神产品和物质产品的能力。信息能力是整个信息素养的核心内容，是信息素养的关键部分。

（3）信息道德。指人们在信息活动中应遵循的道德规范。

以上三部分相互依存、相互作用、构成统一的有机整体，共同体现出信息素养的高低。我们通过问卷调查的形式从以上各个环节探测用户的信息素养能力，并通过综合分析把握用户信息素养现状。

## 五、调查结果与分析

此次调查问卷共收回 1090 份，其中博士研究生、硕士研究生、本科生、教师、行政工作人员、专业技术人员所占比例分别是 4.4%、43.12%、41.1%、5.41%、3.58%、2.39%，法学学院、法律硕士学院、科研研究院、外国语学院、商学院、人文学院、政治与公共管理学院、新闻学院读者所占比例分别为 47.01%、21.39%、6.36%、5.78%、5.59%、5.59%、4.24%、4.05%。

### （一）信息意识方面调查结果与分析

1. 以下服务，您使用过哪些？

A. 馆际互借　B. 原文传递　C. 读者荐购　D. 座位预约　E. 自助借还　F. 自助复印

G. 咨询服务　H. 微信公众号服务　I. 远程访问　G. 赠书服务　K. 都未使用过

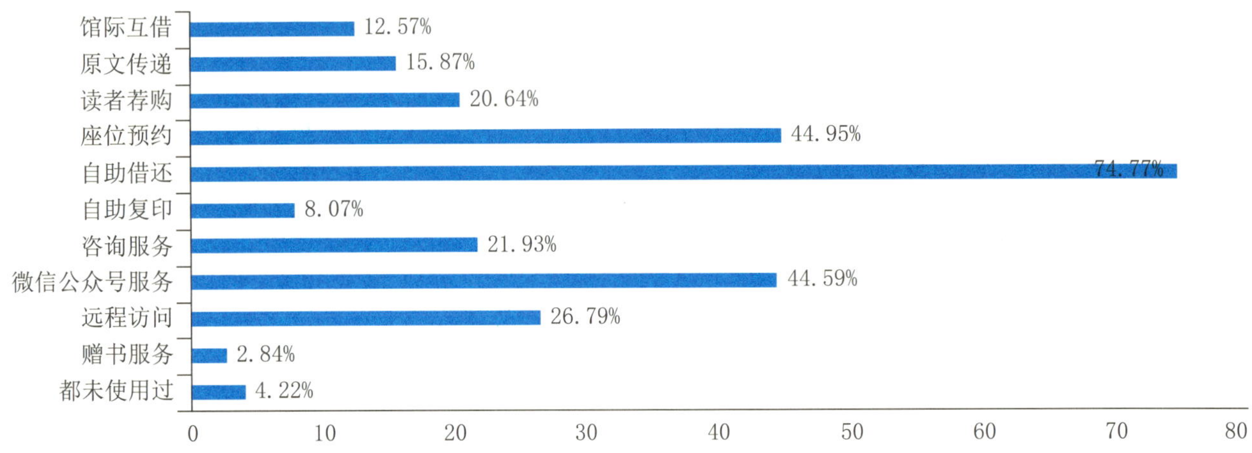


该数据体现了传统的图书馆服务模式已经不能满足用户的需求，用户更倾向于图书馆的现代化信息化服务，这符合社会大环境、用户的行为习惯以及高校图书馆的发展趋势。例如我馆新开通的自助借还服务，在用户使用图书馆的过程中占74.77%，所占比例很大，显然读者将自助借阅图书作为主要服务项目，这说明自助借还机得到读者的认可和高频率使用。而对于图书馆动态信息的关注也不仅局限于到馆查看或是图书馆主页查看等，更多用户选择利用图书馆微信公众号这一新型的微服务，在调查中所占比例为44.59%，说明移动终端也为读者提供了一定的便利。当然，除了对图书馆现代化信息服务的喜爱之外，作为高校最有利的学习场所，图书馆也发挥了其最重要的本职职能，大部分用户还是喜欢到图书馆进行学习的，其座位预约服务占44.95%。图书馆的咨询服务占21.93%，体现了用户对图书馆的关注程度，以及其获取信息的方式更为直接。此外，读者荐购服务占20.64%，体现了我馆的馆藏资源不能满足一些用户的需求，在馆藏资源建设方面还有待加强。远程访问被使用的比例占26.79%，说明图书馆的网上建设初见成效。其余服务被使用频率都比较低，一方面说明服务功能并不是主流途径，另一方面也体现出如馆际互借、自助复印等服务缺乏便利性，有待于进一步改善。

2. 您使用过图书馆的哪些咨询方式？

A. QQ、微信咨询　B. BBS咨询　C. 邮箱咨询　D. 电话咨询　E. 到馆咨询

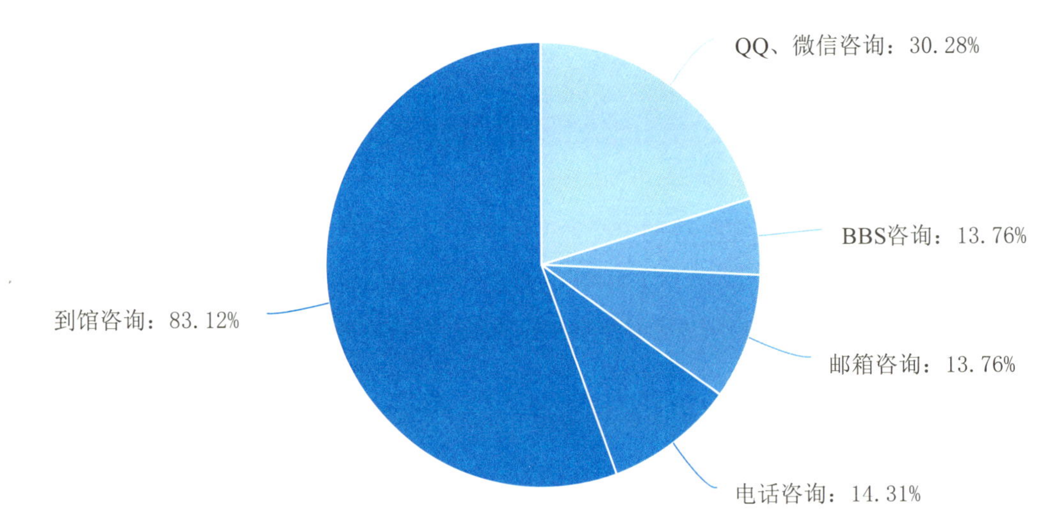


根据图中数据显示：对于图书馆提供的咨询方式，有83.12%的用户会选择到馆咨询，面对面沟通，到馆咨询方式直接有效，但信息获取范围较窄，且速度较慢；有30.28%的用户选择QQ、微信咨询，微

服务是图书馆未来发展趋势之一，不受时间、地点等条件的限制，信息获取速度快。其余是14.31%的用户选择电话咨询，13.76%的用户选择邮箱咨询，8.35%的用户选择BBS咨询，这些传统的咨询服务方式也有少部分用户选择，满足不同用户获取信息的需求。

3. 您使用过图书馆远程访问服务吗？

A. 用过　B. 没用过　C. 不知道远程访问是什么

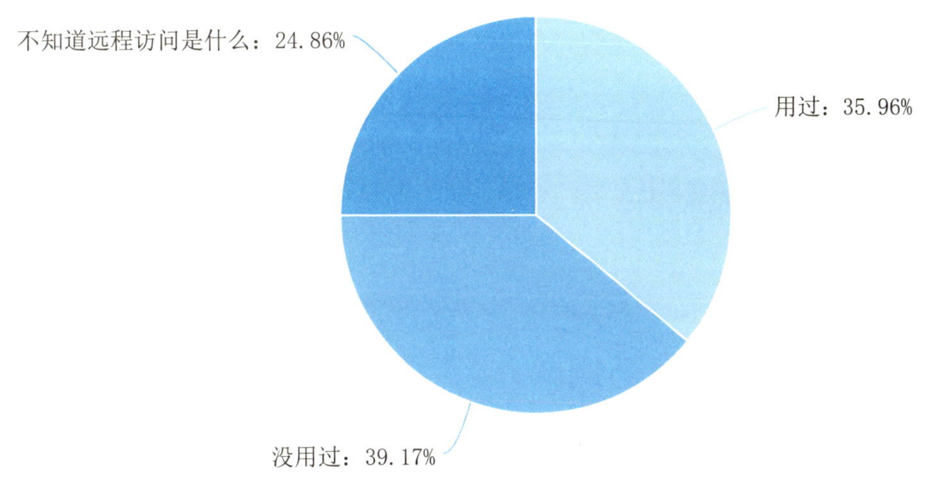


4. 您是通过什么渠道知道远程访问的？

A. 图书馆主页介绍　B. 同学、同事、朋友介绍　C. 图书馆老师介绍　D. 其他

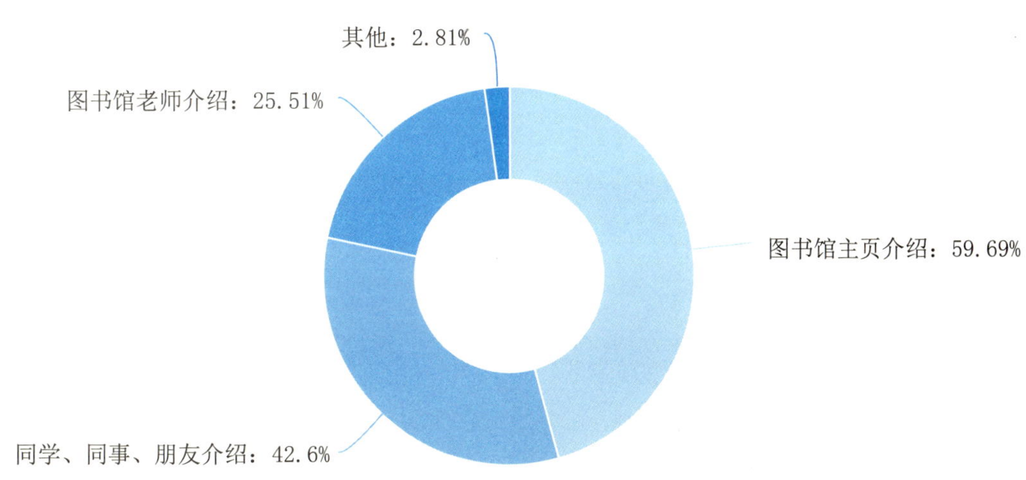


高校图书馆是高校建设的重要环节，一个图书馆的现代化程度在某个侧面就能反映一个大学的文化底蕴、发展前景。我校图书馆的远程访问服务，为不在校的师生提供学习和科研的途径，使其在校外也能正常访问我馆资源。根据第3题数据显示：有35.96%的用户使用过远程访问，有39.17%的用户没有用过，甚至有24.86%的用户都不知道什么是远程访问。从信息意识方面来看，很大一部分用户对于图书馆的现代化服务是缺少关注的，同时也说明我校在对图书馆的使用的教育上存在问题，使得用户缺少关注和使用。因此还是需要学校对师生加强图书馆的教育。

由于我校本科学生是没有远程访问使用权限的，因此，这可能是没有用过远程访问数据所占比例较大的原因。如果不考虑这一方面的因素，再结合第4题数据显示：用户获取远程访问信息，一大部分人是通过图书馆主页得知的（占59.69%），表明我校师生对于信息来源的定位是比较准确的，从而能够快速获取所需信息，这也体现了其对图书馆资源信息的关注。其次，通过同学、同事、朋友介绍得知的比例占42.6%，这体现了我校用户在信息沟通、交流以及信息分享方面有较强的优势，也从侧面体现了我校用户的综合信息素养有较好的基础。通过图书馆老师介绍得知的比例占25.51%，体现了我校师生对于图书馆提供的服务以及各类讲座课程还是比较满意的，能够通过图书馆老师的介绍，直接获取有利用价值的信息。

### （二）信息能力方面调查结果与分析

1. 当图书馆资源无法满足您的需求时，您会通过哪些方式解决？（可多选）

A. 原文传递与馆际互借　B. 资源荐购　C. 找其他学校同学帮忙

D. 自行购买　E. 放弃，寻找其它可替代资源

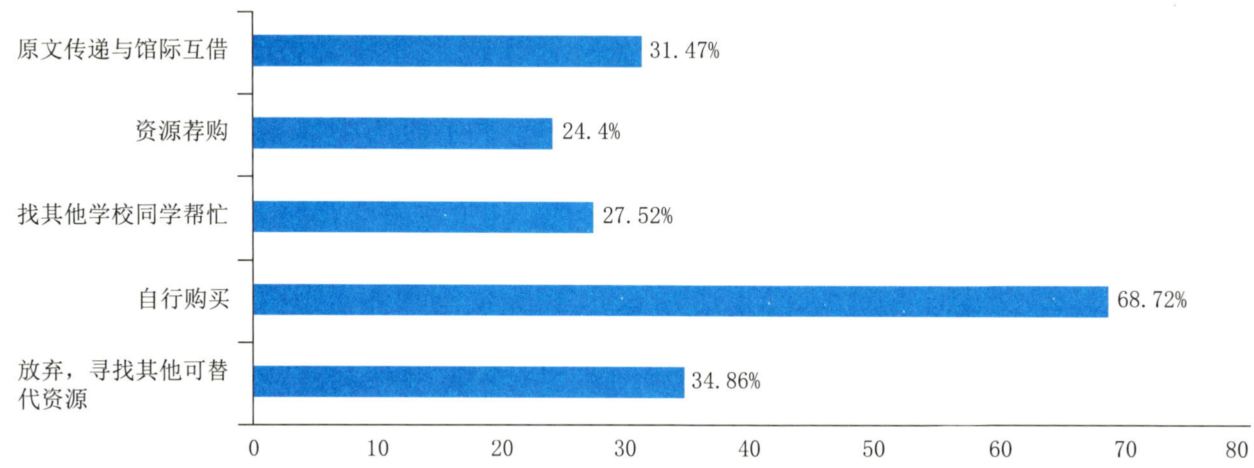


从图表中可以看出，当馆藏资源无法满足需求时，约69%的师生会通过自行购买来解决信息需求，31%的师生会选择原文传递与馆际互借，24%的师生会选择资源荐购。这一数据反映出师生对我馆目前已有的馆藏弥补手段的使用率不高，主要原因可能有两个方面：一是原文传递与馆际互借、资源荐购这两项服务的普及度不是很高，很多师生不了解服务的具体内容及流程；二是这两项服务的响应速度可能还未达到师生的要求。以资源荐购为例，从读者填写委托单，到馆员审核、采购、编目、上架，可能需要长达数周的时间，外文图书周期可能更长。相对来说，原文传递和馆际互借的周期较短，馆际互借可以通过办理馆际互借证去其他高校借阅，或者使用馆际互借系统通过快递方式取书，北京市内基本上两到三天可以获取图书。因此，建议在未来的读者服务过程中，可以更多地推广原文传递与馆际互借服务。

2. 您通常利用以下哪些方式了解图书馆电子资源使用方法？（可多选）

A. 咨询图书馆老师　B. 请教自己熟悉的老师或同学　C. 通过图书馆举办的教学培训类讲座

D. 从图书馆网站上下载使用教程或培训课件　E. 其它____________

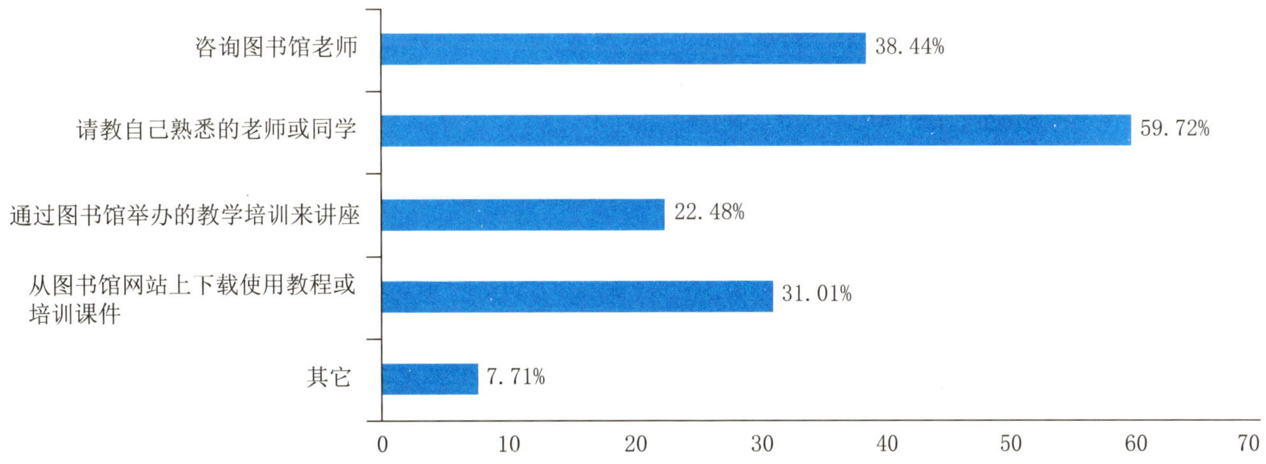


从结果中看到，约60%的师生通过请教自己的老师或同学来了解图书馆电子资源使用方法，38%的师生会咨询图书馆员，22%的师生参加过图书馆举办的培训类讲座，31%的师生下载过相关的培训课件。在其他选项中，共收到27份答案，其中，13份答案是自学，5份答案是通过专门的文献检索课。从数据中可以看出，师生对图书馆提供的电子资源的咨询、培训方式的依赖程度还有待提高，同时对图书馆如何来吸引人们参加培训，以及课程培训课件的新颖性都提出了很高的要求，也需要我们对当下人们的心理和行为模式更好地了解，形成互动无障碍交流沟通。只有22%的受访者参加过图书馆举办的培训，这也说明了目前我们培训的普及度和认知度还不够，电子资源的使用方法是目前信息素养教学的一个重点，但是传统的培训讲座方式可能会由于举办时间、举办场所或者讲座内容的限制，没法完全切合师生的实际需求，而如果单纯地采用MOOC这种线上教学形式，又不能及时获取师生的反馈。未来的培训方式应当将培训讲座、嵌入式教学、线上教学这几种形式组合在一起，更好地帮助师生掌握电子资源的使用方法。

3. 您参加过哪些图书馆组织的讲座或活动？（可多选）

A. 信息检索相关课程　B. 资源与服务专题系列讲座　C. 新生培训　D. 嵌入式培训课程　E. 阅读推广（书展、读书日等）　F. 其它____________________　G. 我从未参加过图书馆的任何活动

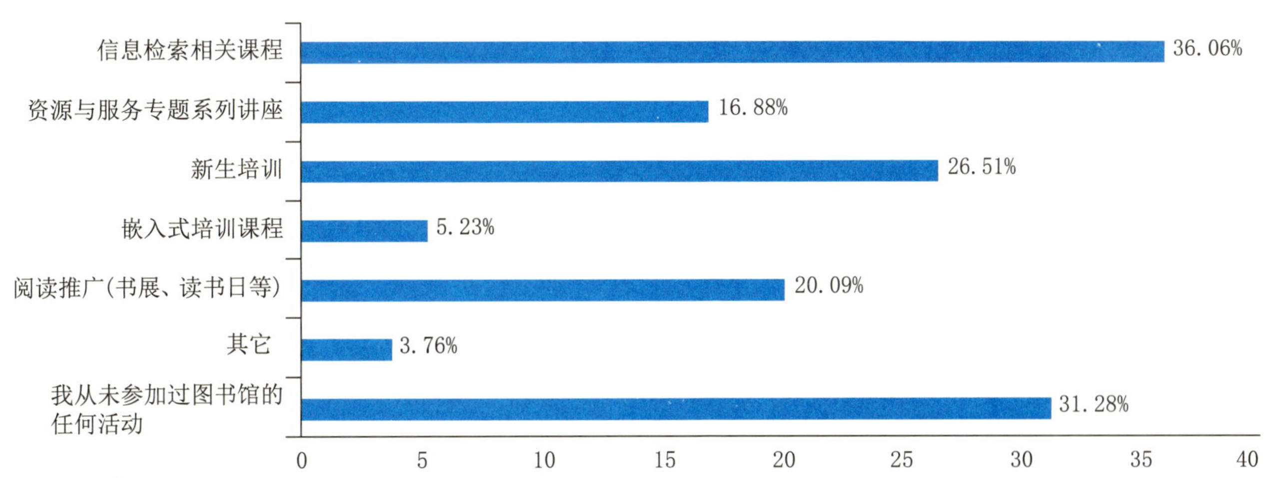


此题的关键数据是约有30%的师生从未参加过图书馆的任何活动，这个原因值得我们进一步分析探讨，是没有时间，还是不感兴趣，还是没有获取相关的活动通知？师生对图书馆的关注度较低，这也从

一方面反映了我们工作中存在的不足。从已有的业务形式来看，大多数还是比较基础的业务，例如，培训、检索课、阅读推广。在“互联网+”时代，师生可能对新兴的多媒体更感兴趣，如果还是拘泥于传统的宣传培训方式，很难引起师生的共鸣。这就要求广大图书馆员积极思考，在服务模式上有所创新，逐步让师生认同图书馆的定位转型。

另外，此题与上一题的数据相结合，可以进一步说明目前我们培训讲座的普及度欠佳。相对而言，嵌入式培训课程的效果可能比信息检索课的针对性更强，但是对馆员的业务能力和工作量有较高的要求，在嵌入式课程前期需要馆员与任课教师积极沟通。

4. 您经常使用以下哪些电子资源获取所需资料？（可多选）

A. 知网、万方等综合类期刊数据库　B. 北大法宝、Westlaw 等法律类数据库　C. 中华数字书苑、Myilibrary、JSTOR 等电子书数据库　D. 新东方网络课程、知识视界等多媒体数据库

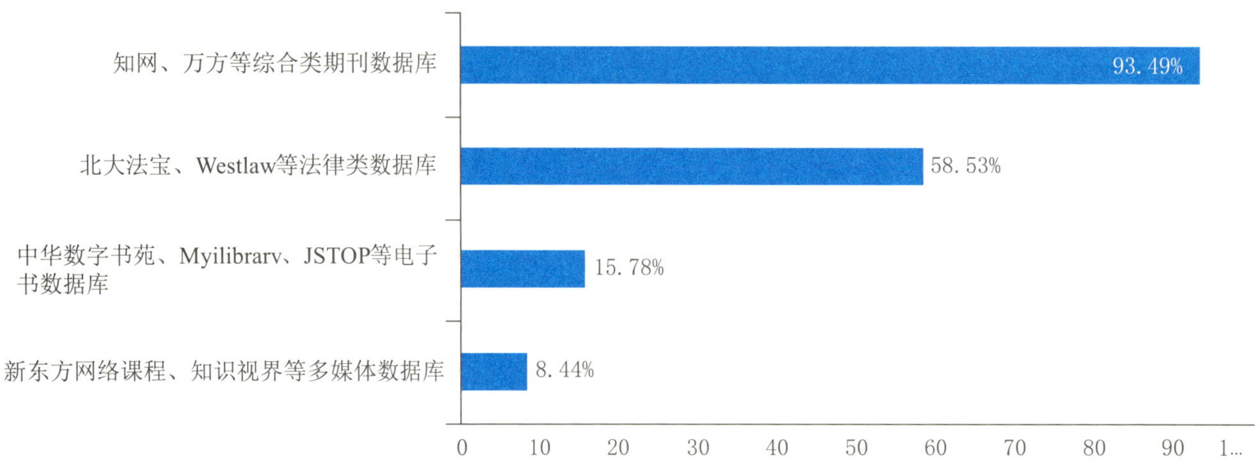


从数据中可以分析出，目前师生对资源类型的倾向：期刊、学位论文类>图书类>视频类。知网是师生获取电子资源时的首选，一方面是收刊范围大，另一方面是知网的资源类型涵盖范围较广。但是这样也会导致师生在使用时经常会遇到知网达到最大并发而无法访问的情况。法律类数据库一直是我校师生使用较多的数据库，这一点从每年的数据库访问量中也可以得出，这也是我校学科建设的一大特点。从此题的数据中可以看出目前师生在科研学习中对资源类型的倾向性，也可以为我们今后的资源采购及资源推荐提供一定的参考。

5. 您一般使用哪些途径获得自己所学专业的最新发展动态？

A. 利用图书馆的资源与服务　B. 利用网络搜索引擎（百度、谷歌等）

C. 通过培训、讲座、讨论等形式　D. 从导师和同学处获得　E. 其它

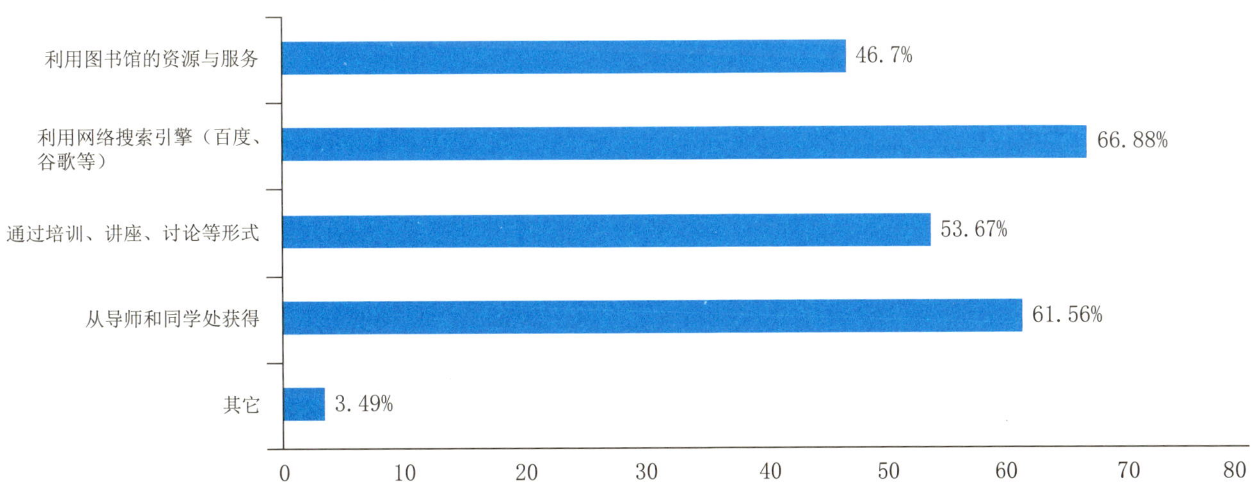


这个题目主要收集的是信息获取途径。在人才培养过程中，不仅需要能够准确地定位所需信息的内容，还要有具体的获取方法和途径，这样才能快速有效地获取信息。通过调查发现，我校师生获取专业相关动态信息的途径主要有：利用图书馆的资源与服务（46.7%）、利用网络搜索引擎（66.88%）、通过培训、讲座、讨论等（53.67%）、从导师或同学处获得（61.56%）。

这四个途径没有好坏之分，但是却有效率高低之分。众所周知，网络具有信息量大、获取快、自主性强的优势，利用网络搜索引擎获取信息的范围广、速度快，是当前用户最喜爱的方式之一，但是正是这一现状，也使得在人才培养的过程中，对信息的评价、辨别以及处理等方面有了更高的要求。图书馆的资源与服务，如图书、报纸等，是信息经过加工处理的媒介，更具真实性，但获取速度较慢，信息范围也相对较窄，虽然获取的信息更为具体，但这种方式已经不能满足当代高校人才培养过程中对信息的需求。从图中可以看出我校师生利用图书馆资源与服务来获取专业动态信息的相对较少，也证明了用户对图书馆的认识与利用还有待加强。通过培训、讲座、讨论等形式体现了一种实践能力，能够提升我们对信息的了解甚至获得更客观有效的信息。还有一大部分用户会从导师和同学处获得，充分体现了我校师生在信息交流和分享方面还是非常不错的。此外，还有用户选择通过其他院校的资源来获取相关专业动态信息，但这部分人较少，充分体现了其对信息的关注程度还存在不足。

### （三）信息道德方面调查结果与分析

1. 以下这些行为，您认为哪些属于恶意下载行为？（可多选）

A. 使用任何智能下载工具下载图书馆购买的电子资源

B. 连续、系统、集中、批量地下载文献

C. 将所获得的文献提供给非我校人员进行非法牟利

D. 未经学校网络中心的允许，私自设置相应的代理服务器

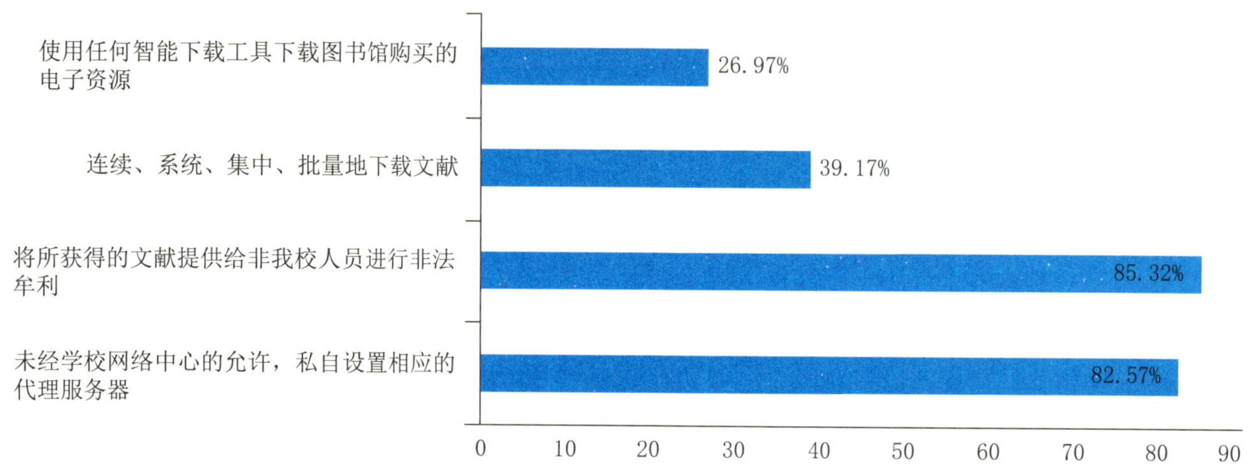


该题主要考察大学生的信息道德素养，调查结果显示绝大部分（>80%）同学都认为将所获得的文献提供给非我校人员进行非法获利和未经学校网络中心允许，私自设置相应的代理服务器是属于恶意下载的行为，但是对于连续、系统、集中、批量地下载文献，尤其是使用任何智能下载工具下载图书馆购买的电子资源，能认识到这是属于恶意下载行为的同学很少，还不到一半。这说明目前同学们对于恶意下载行为是有一定认识的，知道恶意下载行为是不正当的，并且了解一些恶意下载行为的具体表现。但是从调查问卷可知，同学们对于恶意下载行为的认识还不够全面，了解还不够多，因此还不能认识到一些行为已经属于恶意下载，比如，连续、批量地下载，使用任何智能工具下载，同学并没有意识到这些行为会造成严重后果。

### （四）图书馆利用现状调查结果与分析

1. 请您对我馆整体服务进行评分：1（表示非常不满意）→5（表示非常满意）

| | 1 | 2 | 3 | 4 | 5 |
|---|---|---|---|---|---|
| 图书馆整体服务水平 | ○ | ○ | ○ | ○ | ○ |
| 图书馆员能够正确理解读者的问题，具有必要的知识和技能 | ○ | ○ | ○ | ○ | ○ |
| 图书馆能够及时回复读者的批评和建议并认真改进工作 | ○ | ○ | ○ | ○ | ○ |
| 图书馆能够关注并理解读者的个性化需求，并提供令人满意的帮助 | ○ | ○ | ○ | ○ | ○ |
| 图书馆的设施与环境 | ○ | ○ | ○ | ○ | ○ |
| 馆藏资源指示标识清晰、明确 | ○ | ○ | ○ | ○ | ○ |
| 馆藏资源布局合理 | ○ | ○ | ○ | ○ | ○ |
| 开馆时间安排 | ○ | ○ | ○ | ○ | ○ |
| 图书馆自助借还服务便捷、高效 | ○ | ○ | ○ | ○ | ○ |

续表

| | 1 | 2 | 3 | 4 | 5 |
|---|---|---|---|---|---|
| 图书馆纸本资源的数量 | ○ | ○ | ○ | ○ | ○ |
| 图书馆电子资源的数量 | ○ | ○ | ○ | ○ | ○ |
| 图书馆纸本、电子资源全面 | ○ | ○ | ○ | ○ | ○ |
| 图书馆纸本、电子资源与学校教学科研、学生学习的结合紧密 | ○ | ○ | ○ | ○ | ○ |
| 图书馆现有资源结构（各种资源所占比例）合理 | ○ | ○ | ○ | ○ | ○ |
| 图书馆的馆藏书目检索结果的准确度 | ○ | ○ | ○ | ○ | ○ |
| 图书馆微信公众号更新推送的内容和频次 | ○ | ○ | ○ | ○ | ○ |
| 图书馆讲座、课程的安排以及对您学习和科研的帮助 | ○ | ○ | ○ | ○ | ○ |
| 图书馆的网站设计、网络速度 | ○ | ○ | ○ | ○ | ○ |
| 图书馆现有的远程访问 | ○ | ○ | ○ | ○ | ○ |

结果分析的图表如表 3-1、图 3-1 和图 3-2 所示：

**表 3-1　图书馆各项服务平均分**

| 题目\选项 | 平均分 |
|---|---|
| 图书馆整体服务水平 | 4.06 |
| 图书馆自助借还服务便捷、高效 | 4.49 |
| 图书馆员能够正确理解读者的问题，具有必要的知识和技能 | 4.16 |
| 图书馆能够及时回复读者的批评和建议并认真改进工作 | 4.04 |
| 图书馆的馆藏书目检索结果的准确度 | 4.00 |
| 图书馆纸本、电子资源与学校教学科研、学生学习的结合紧密 | 3.93 |
| 图书馆微信公众号更新推送的内容和频次 | 3.90 |
| 图书馆能够关注并理解读者的个性化需求，并提供令人满意的帮助 | 3.86 |
| 图书馆的网站设计、网络速度 | 3.83 |
| 图书馆纸本资源的数量 | 3.82 |
| 图书馆讲座、课程的安排以及对您学习和科研的帮助 | 3.81 |
| 图书馆电子资源的数量 | 3.77 |
| 馆藏资源指示标识清晰、明确 | 3.76 |
| 开馆时间安排 | 3.70 |

续表

| 题目\选项 | 平均分 |
|---|---|
| 图书馆纸本、电子资源全面 | 3.68 |
| 馆藏资源布局合理 | 3.68 |
| 图书馆现有资源结构（各种资源所占比例）合理 | 3.67 |
| 图书馆现有的远程访问 | 3.66 |
| 图书馆的设施与环境 | 3.39 |

**注：**——服务类——资源类——环境设施类

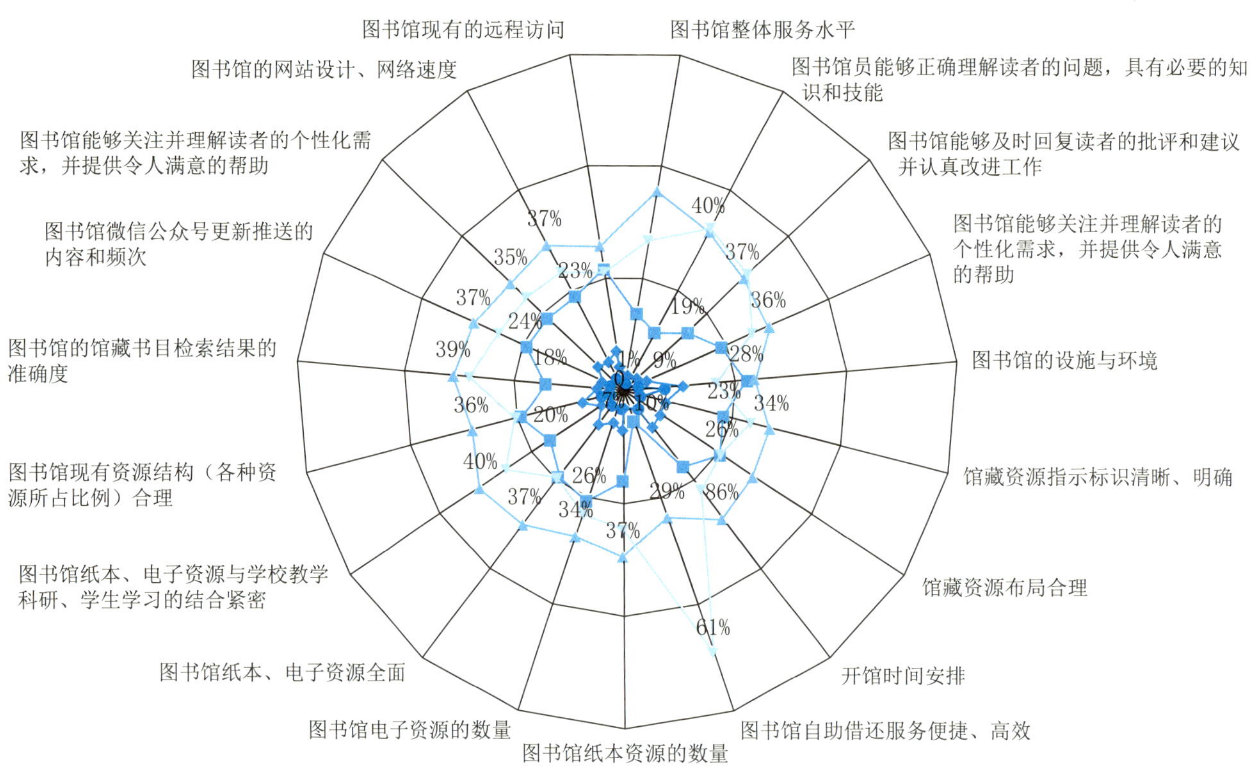


**图 3-1　图书馆服务详细指标情况**

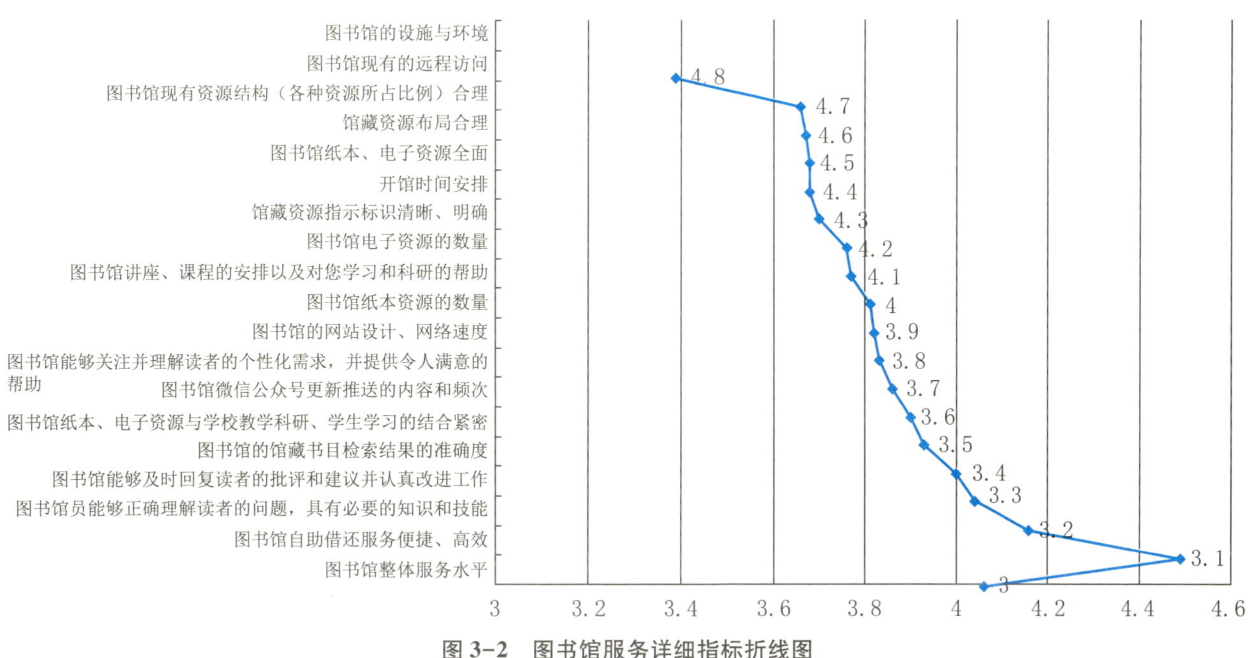


**图 3-2　图书馆服务详细指标折线图**

从表 3-1 中可知，图书馆整体服务水平指标的平均值为 4.06，我校读者对图书馆整体服务处于“满意”水平。读者对图书馆所开展具体服务工作内容的评价中，图书馆自助借还服务以其高效、便捷的服务方式拔得头筹，以 4.49 的平均分位居我馆服务工作好评之首，61%的读者对此项服务持“非常满意”评价。从表 3-1 中可以看出，我馆的服务工作在一定程度上得到了用户的认可，用户信息资源利用培训服务、教学科研支撑服务以及一些个性化服务能够较好地满足用户需求，馆员能够做到“以用户为核心”，紧紧围绕用户需求，为用户提供更好的资源发现服务。

在图书馆馆藏资源建设方面，与馆藏资源结构布局相比，用户对目前图书馆馆藏资源数量的满意度高，但也并未达到“比较满意”的水平。近年来，我校的办学目标是努力办成开放式、国际化、多科性、创新型的世界一流法科强校。“多科性”的学科发展对我校图书馆馆藏资源建设提出了更高的要求，尤其是法学以外学科资源建设的发展，故而目前用户对馆藏资源结构布局的评价低于馆藏资源数量方面的评价。

我馆环境与设施建设目前没有更好地满足用户的科研学习需求，这个现象也映射到表 3-1 和图 3-2 的内容中，图书馆的设施与环境指标在图书馆服务的所有指标中居末位，这与馆舍位于地下环境有关。由于客观原因，我馆其中一座馆舍长期设在地下空间，为我校师生利用图书馆资源服务造成了不便。

用户对图书馆提供的服务虽然从整体上处于“比较满意”水平，但是具体服务工作的开展依然需要进一步加强，服务方式的多样化、个性化以及服务方式与互联网、移动多媒体等技术的接轨，服务内容的深化、嵌入，服务流程的快捷、高效化等都需要我们进一步思考与完善。在我校多科发展的法科强校目标指引下，我馆应在加强法学类资源建设的基础上，更加注重法学以外学科资源的建设，为我校法学以外学科的发展提供资源保障，助力我校办学目标的实现。我馆的馆舍环境与基础设施无法满足用户的需求，该问题在我馆的建设发展过程中一直较为突出，希望随着学校发展战略的进一步落实，我馆的环境与基础设施能实现巨大跨越，为用户的学习与科研提供便利。

2. 您最希望图书馆改进的服务项目是

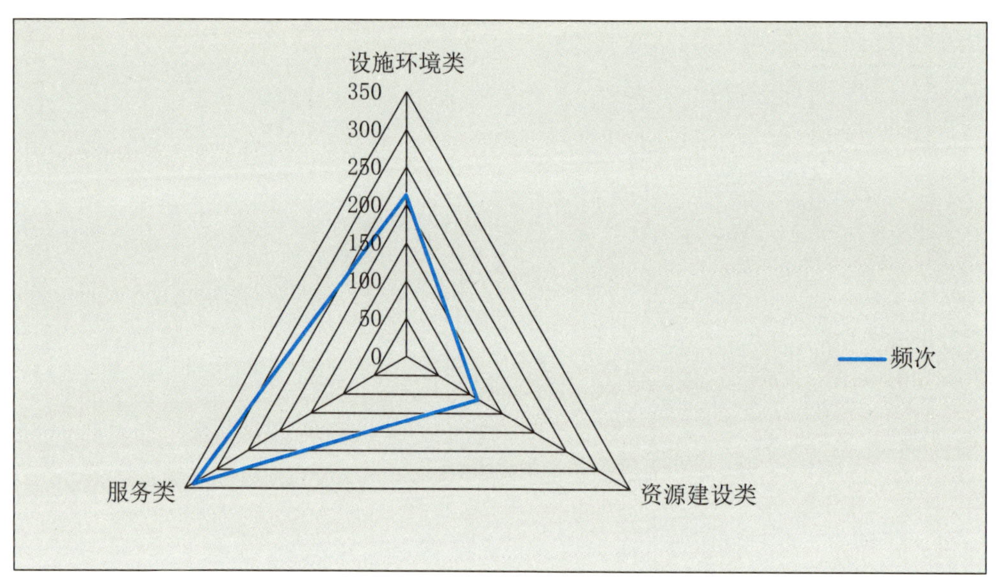


图 3-3 用户希望改进服务项目总体频次分布

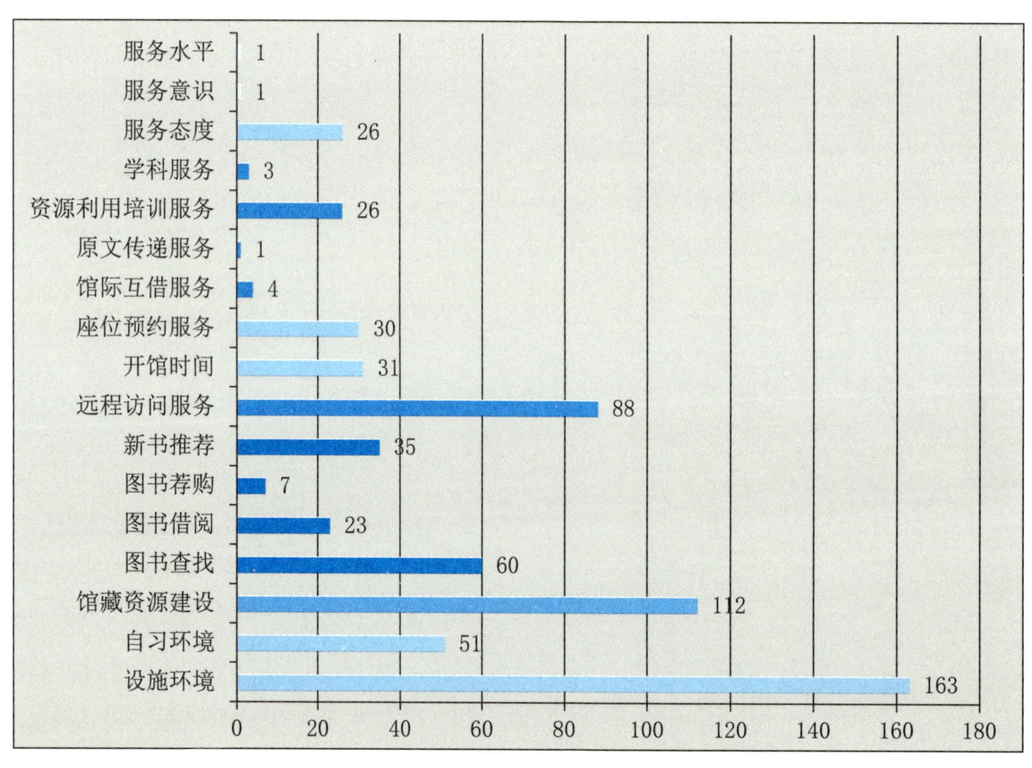


图 3-4 用户希望改进详细服务项目频次分布

由图 3-3 可知，用户对图书馆整体服务工作的关注度最高，以用户为中心的服务是图书馆的核心业务。随着信息技术、通信技术以及移动互联网的飞速发展，图书馆的服务也急需从被动式服务向主动式服务转变。从图 3-4 中可以看出，用户对图书馆工作人员的服务水平、主动服务意识已经开始有所要求，同时也意识到资源利用培训服务和学科服务的需求。我馆目前的主动信息服务包括资源使用培训服务、嵌入式教学服务以及定题服务等，学科服务的全面深入发展是我们目前主动服务的发展方向。与主动服务相比，用户对我馆开展的传统服务更为关注，尤其是图书查找、图书借阅、图书荐购和书目推荐服务，该服务被用户提及 125 次，位居用户关注度排行榜第二。从图 3-4 中可以看出，该类服务中图书查找类问题最多，多数用户反馈图书查找导航不明确、图书指示牌不易理解、图书在馆不在架、图书排架混乱等问题，这是由于我馆缺乏纸质馆藏检索利用方面的培训，长期忽略纸质资源查找使用方面的需求。在图书借阅方面，用户主要反馈借阅周期太短，对不同类型用户的借阅权限诉求、借阅规则不了解等问题。很多用户希望图书馆能够丰富新书种类，新书及时上架，及时更新书目，及时购买新版本图书，同时开展新书推荐活动，可见用户对图书资源时效性要求较高，更希望及时获取本学科的最新资源和领域动态。远程访问服务的用户关注度也比较高，多数反馈无法登陆、远程访问权限等问题，座位预约和开馆时间问题也在用户的关注范围内，可见图书馆是用户的学习场所这项功能目前依然受到用户的重视。该功能从用户对图书馆自习环境改进的诉求中也能反映出来，但同时也说明了我馆目前仍然是非常传统的图书馆，研讨厅、讨论间等思想碰撞交流、启发创新思想的场所需求较少，这需要图书馆服务战略的进一步优化与环境设施的改进。馆际互借与原文传递服务也受到了用户的关注，原文传递服务近两年服务量越来越大，用户对该项服务的了解与需求也愈加清晰。这离不开近期对该项服务的宣传培训。

馆藏资源建设类问题虽然总体关注量位于第三，但从图 3-4 可以看出，问题较为集中，主要分为馆藏纸质资源与馆藏电子资源建设两大类。在馆藏纸质资源建设方面，用户的关注点大致包括馆藏图书数量的增加、馆藏图书期刊种类覆盖的全面性，随着我校法学以外学科的发展，用户对馆藏资源种类全面性的要求越来越高。目前我馆的馆藏资源建设主要以法学类资源为主，已然无法满足用户的需求。馆藏纸质资源建设的另一个特点是馆藏复本分配合理性问题，馆藏资源复本量的分配问题导致用户反映的热门图书长期不在馆现象时有发生。馆藏电子资源建设主要反馈是增加数据库数量，尤其是外文数据库的购买量。在文献类型方面，用户主要诉求是对电子图书的需求。与纸质馆藏资源建设反馈相同的是，用户也集中反馈了资源的学科覆盖全面性需求，这是我校发展多科性法科强校目标的推动作用，也是我馆资源建设的方向。

我馆的环境设施是用户最为关注的，从图 3-3 和图 3-4 中能够明显看到用户对环境设施的关注。我馆目前有三个馆舍，其中学院路馆舍位于地下室，设施简陋，通风不畅，用户对此有大量意见和反馈是不可避免的。我们应在目前的环境下尽量为用户提供舒畅的学习环境，例如饮水机的设置、灯光的改善、座椅的增加等，同时，应积极向学校反映问题，以期尽快搬入新馆。

3. 您可以描述一下心中最好的图书馆是什么样子吗？这样让我们有一个努力的方向，谢谢您的配合。

---

本题为主观问答题，共收到反馈 534 份。对受访者的建议进行分析归类，大致可以分为以下几个方面：

（1）环境。192 份（约占 36%）回答中提到了关于环境方面的建议，主要涵盖以下关键词：安静、明亮、整洁。其中，不少学生提到了学院路校区目前的地下图书馆环境较差，从光线到通风再到整体的设施都差强人意，也没有配备卫生间及热水设备，希望能够尽快搬到地上图书馆。

（2）馆藏。159 份（约 30%）回答中提到了关于馆藏方面的建议。大致可以归为四类：一是增加热门借阅图书或者教参类图书的复本数，以免出现长期借阅不到的情况；二是增加非法学类图书的采购；三是加大对新书的采购力度；四是增加数据库的种类和数量。从提议中可以看出，师生对图书馆资源的需求程度较为迫切，对资源的丰富程度有着较高的期望。

（3）空间。对空间建议约有 152 条（占总数的 28%），涉及的关键词主要有：充足的座位数、咖啡馆、讨论区、单人学习间。大部分的提议是增加座位的数目，部分学生提议在座位上能够配备相应数量的插座以及改进现有的选座系统。在对提议的分析中发现，很多学生把图书馆定位为自习的地方，来图书馆的目的更多的是能有一个全天不被打扰的上自习的场所。这也反映出了图书馆除了文献保障中心之外一个重要的功能——学习场所。从提议中的咖啡馆和讨论区也能看出，学生已经不再单纯地满足于图书馆借书、看书、学习的功能，而希望图书馆日益成为一个综合性的学术交流场所。

（4）服务。对服务建议约有 89 条（占总数的 17%）。主要提议集中在两大方面，一个是开馆时间可否延长，有的学生提议设立通宵自习室；另一个是找书困难，这个问题应该会在 RFID 系统完善之后得到改善。此外还有一些涉及增加智能设备，举办形式多样的活动的提议。

## 六、信息素养培养的建议与对策

21 世纪是信息技术大发展的时代，随着计算机的普及和网络技术在生产和生活中的广泛应用，人们的工作、学习和生活方式都发生了很大的变化。信息素养的培养成了教与学的重要组成部分，信息素养已经成为高校师生必备的基本素质，也是对师生综合素质评价的一项重要指标。

通过对我校师生的信息素养调查结果进行研究与分析，试图在此基础上探析出提高师生信息素养的解决对策，以提高高校师生的信息素养水平。

（1）加大图书馆各项活动的宣传力度，提高师生的信息获取意识。调查问卷的结果表明，读者对我们馆已有的资源和服务不太了解。例如，对于远程访问的使用，很多研究生都不太了解甚至不知道图书馆有此项服务，还有些读者对我们学校的已购数据库资源连怎么访问都不清楚，更谈不上利用了。提高信息素养的首要前提就是培养信息获取的意识，如果仍满足于简单地通过百度获取信息来源，又怎么能真正提高科研学术水平？这是我们急需改进的地方。为此我们可以通过各种不同的形式将图书馆的资源服务与利用传递给读者，例如可以制作图书馆的宣传片，录制新生入馆教育的视频，然后通过宣传吸引读者观看宣传片或视频。我们的各种宣传工作可以借助新媒体的广泛影响力，不拘泥于单向的通知，可以充分利用学生宿舍楼、教学楼、行政楼、电梯旁等各处配备的电子屏来循环播放图书馆相关的信息，并结合学校科研教学的进度，深入到各个院系有规划、有体系地推广我们的各项活动及资源服务，让师生有了对信息的需求，才能进一步利用信息。我们也可以深入到读者当中去面对面地宣传，比如在新生军训期间，图书馆的老师可以以送关爱、送温暖的形式来推广宣传图书馆的资源服务，使得图书馆在新生中就开始生根发芽；也可以与各院系的辅导员建立联系，在他们有集体活动时图书馆老师也积极参与，在读者的成长过程中为他们答疑解惑。我们可以与学生会联合举行一些面向全校师生的活动，使读者在参加活动的同时也对图书馆的资源服务形成深刻的印象，比如可以与图学会一起举办视频大赛，吸引广大师生参与，让读者积极收集图书馆的照片、视频等资源。

（2）采取多种形式的信息素养活动模式。可以通过加强图书馆现代信息服务，充分利用新媒体资源，提升服务质量和效果。在问卷中也有学生提到，希望图书馆能够举办一些学术沙龙、真人图书馆之类的活动，希望馆员能够走进学生，加入到他们的科研学习活动中等。目前我们所举办的活动形式都较为传统，缺乏吸引师生关注度的活动和创意，也就导致了师生对图书馆普遍的关注度不高，不感兴趣。我们之前举办的检索大赛和书评大赛，就获得了师生比较多的反馈，在活动的过程中同时提升了自己的信息素养水平。建议在今后的活动模式中增强互动性，增强新颖性，比如，讲座活动月期间每个参加讲座的人员都可以领讲座计划单，每听一个讲座就在对应的栏目里盖一个印章，集齐一定数量的印章就可以获得图书馆颁发的信息素养能力证书。

（3）改变信息素养培训的模式。这也是一个老生常谈的问题了，目前我们采用的信息素养培养模式主要是传统的文献检索课和每学期的资源服务利用讲座，从效果来看不是很理想。讲座的听课人数较少，有时候馆员辛苦准备只有零星几个人来听，收效甚微，而传统的文献检索课课时较长，学生学到后期就失去了兴趣。鉴于目前几乎每个学院都会开授论文写作的课程，所以我们的文献检索课程中的论文写作部分可以删减掉，课程内容和形式也作相应的调整，最大限度地调动学生的积极性和主动性。我们可以在上课之前针对课程内容和形式对学生做问卷调查，根据调查结果调整课程内容和形式。现在许多高校图书馆都采用了信息素养游戏闯关，或者采用翻转课堂等诸多新颖且能够调动师生积极性的活动形式。

（4）用户本身应该努力提高自身的科学文化素质。这是提高个人信息素养的基础。在人才培养的过程中应注意开拓自身的学习思路，多思索，尽可能多地接触各种类型的信息媒介。用户要积极参与讲座、调查、访谈的研究性学习，通过指导与牵引，主动获取信息并使用信息。充分利用网络资源，进行自主学习，培养用户对信息的整理、对比、分析能力，从而有针对性地获取有利用价值的信息。同时加强自己对基础文化知识、信息理论知识和信息技术知识的学习，为提升信息能力打下坚实的基础。

（5）发挥图书馆优势，营造良好的信息素养教育环境。高校图书馆是高校建设的重要环节，是学习与科研工作的重要支撑，在高校教学科研中占有重要地位。图书馆所拥有的馆藏资源和完备的网络检索平台为用户提供了一个良好的信息素养教育环境，所以在今后的发展中图书馆还应该不断地丰富与完善馆藏资源，满足读者日益增长的需求。高校图书馆可针对不同水平的用户开展不同层次的信息素养启蒙教育，并可以利用多种形式，比如，举办培训班和多种讲座形式，来增强用户的信息意识和提升他们的信息检索能力。

（6）加强我校师生信息道德的教育，促进师生道德观念的发展。开展宣传工作，通过 BBS、微信公众号、图书馆网页等多种渠道开展宣传工作，让师生正确理解并遵守相关的道德准则。另外，可以在开展宣传工作的同时为师生列举恶意下载行为，并展示相关的严重后果。对恶意下载行为进行严肃处理，包括且不限于公开说明、停止借书使用权、赔偿图书馆损失等。采取技术措施阻止恶意下载，有效防范恶意下载行为。

## 七、结语

随着计算机和通讯技术的迅速发展，信息已经成为社会各领域中最具影响力的因素之一。在大力号召构建学习型社会的形势下，高校更应该注重师生信息素养方面的培养。有研究表明，高校学生的信息意识不强、信息能力较差，尤其是信息获取、利用的能力，信息道德也有待进一步提高。

该报告就是以如何提高高校师生的信息素养水平为目标，以中国政法大学的全校师生为研究对象，通过对他们推送电子调查问卷，将问卷结果进行统计与分析。调查问卷中除了设计信息素养方面的问题，还特别设置了有关图书馆资源服务与利用方面的问题，这主要是因为图书馆在培养师生信息素养方面起着举足轻重的作用，图书馆的建设直接关系到师生信息素养培养的效果。通过对调查结果进行分析与研究，探求出了解决问题的对策与建议，从而为高校师生信息素养的培养发挥借鉴作用。

# 第四篇 中国政法大学图书馆博硕士论文分析报告

## 一、论文工作基本情况

### （一）工作组成员及系统

中国政法大学图书馆博硕论文数据库（以下简称“政法博硕论文库”）的主要工作人员为图书馆典藏部工作人员，共3名，根据《中国政法大学学位论文形式要求》对毕业生提交的学位论文进行文章格式、内容完整性方面的审查、核对。论文收录的系统为麦达ETD学位论文提交与发布系统。

### （二）论文数据来源情况

报告以麦达系统收录的中国政法大学博硕士毕业生上传的电子论文数据，以及中国知网收录的中国政法大学博硕士学位论文引用数据为基础，对比2015年、2016年、2017年接收的论文的历年提交情况、学科分布情况和被引用情况等。

## 二、2015年~2017年博硕士毕业论文收录情况

### （一）论文库的基本情况

政法博硕论文库至今共收录22 785篇电子版论文，其中未公开论文45篇（博士11篇、硕士34篇），可供公开检索浏览的论文22 719篇。论文主要涉及法学、哲学、经济学、管理学、教育学、文学、历史学等，主要学科论文数及所占比重情况如下图：

| 学科 | 论文数 | 占总体比重 |
| --- | --- | --- |
| 法学 | 18 997 | 83.4% |
| 哲学 | 233 | 0.01% |
| 经济学 | 276 | 0.012% |
| 管理学 | 2315 | 0.102% |
| 教育学 | 116 | 0.005% |
| 文学 | 276 | 0.012% |
| 历史学 | 53 | 0.002% |

从上图可以看出，我校博硕士学位论文资源主要集中在法学学科，这主要是由我校建校的历史背景

所决定的，我校在法学学科建设、人才培养、师资方面的投入力度都是领先于其他学科的，长期的发展和积累的结果，形成了我校法学学科博硕士学位论文的数量远远超过其他学科的局面。

### （二）2015 年~2017 年博硕论文数据库收录情况

**2015、2016 与 2017 年博硕电子论文提交总数对照表（不区分机密与公开）**

| 年份 | 论文提交总数 | 已提交 | 未提交 |
|---|---|---|---|
| 2015 | 2094 | 2073 | 21 |
| 2016 | 2121 | 2101 | 20 |
| 2017 | 2030 | 2013 | 17 |

三年以来，博硕士毕业生向我校图书馆提交论文的数量，达到年均 99%以上，经过工作人员的编目加工、建立检索，充分保证了图书馆博硕士论文数据库资源的稳定增加和正常使用。

2015 年~2017 年每月论文提交情况：

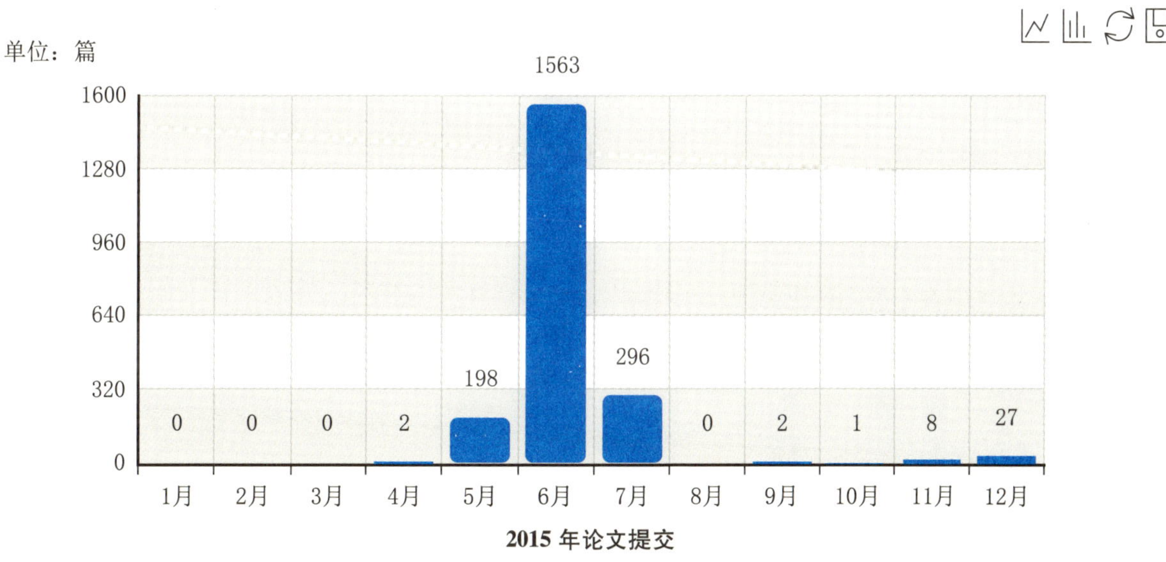


**2015 年论文提交**

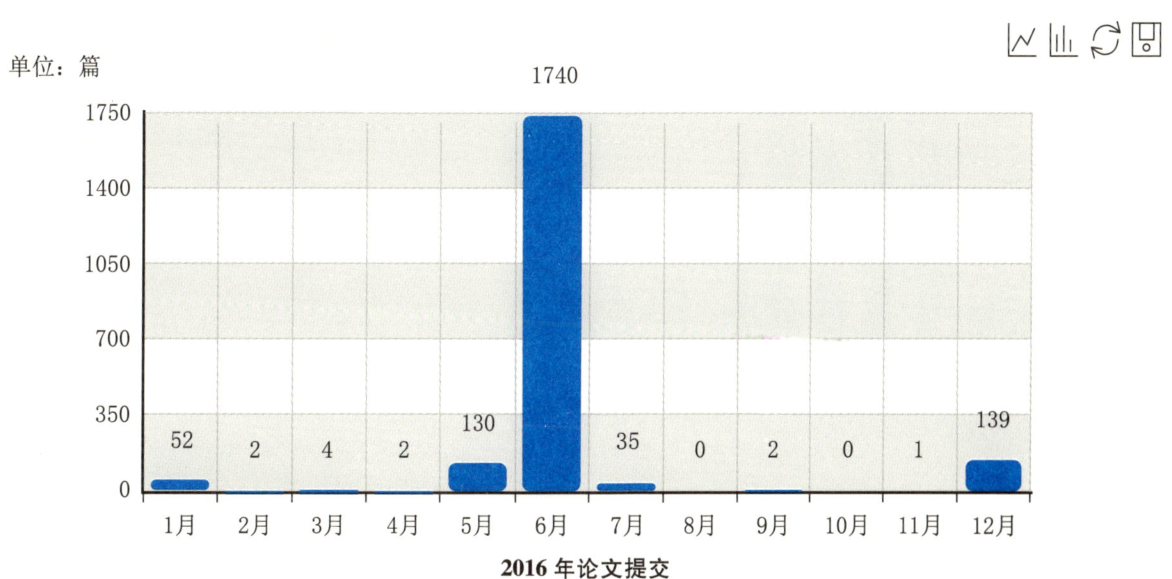


**2016 年论文提交**

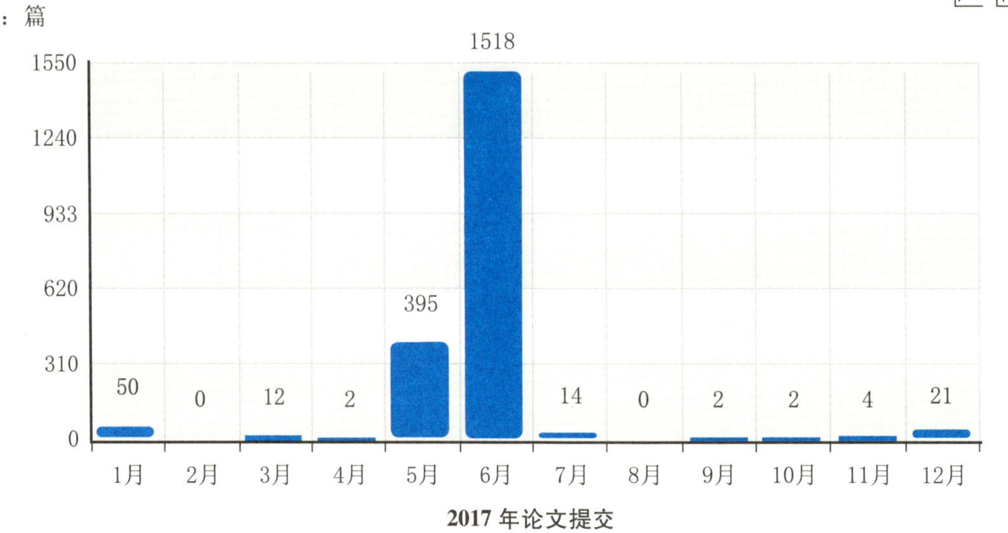


**2017 年论文提交**

通过以上图片显示的内容可以看出，博硕士毕业生每年提交论文都集中在 1 月、5 月 ~7 月和 12 月，分别为我校夏季、秋季毕业生毕业期间，毕业生在此期间内完成学位论文的提交。

## （三）2015 年 ~2017 年各学院博硕论文收取情况

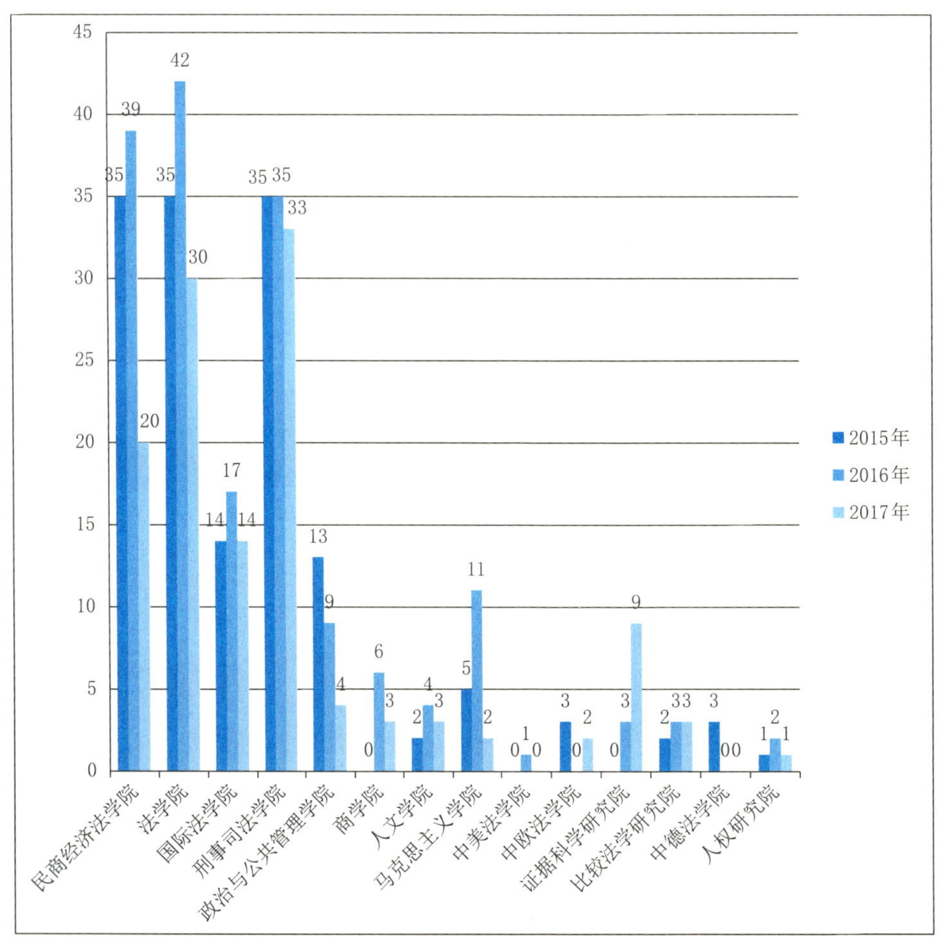


**2015 年 ~2017 年各学院博士毕业生学位论文收录情况**

我校大部分博士人才集中在民商经济法学院、法学院、国际法学院、刑事司法学院这四大法学院，其它学院在博士人才培养方面，或有增加趋势，或有收缩趋势，总体呈稳定。在2016年，大部分学院的博士毕业人数有了明显增加，2017年人数普遍回落，或呈持平状态，只有证据科学研究院的博士毕业人数增加了2倍。

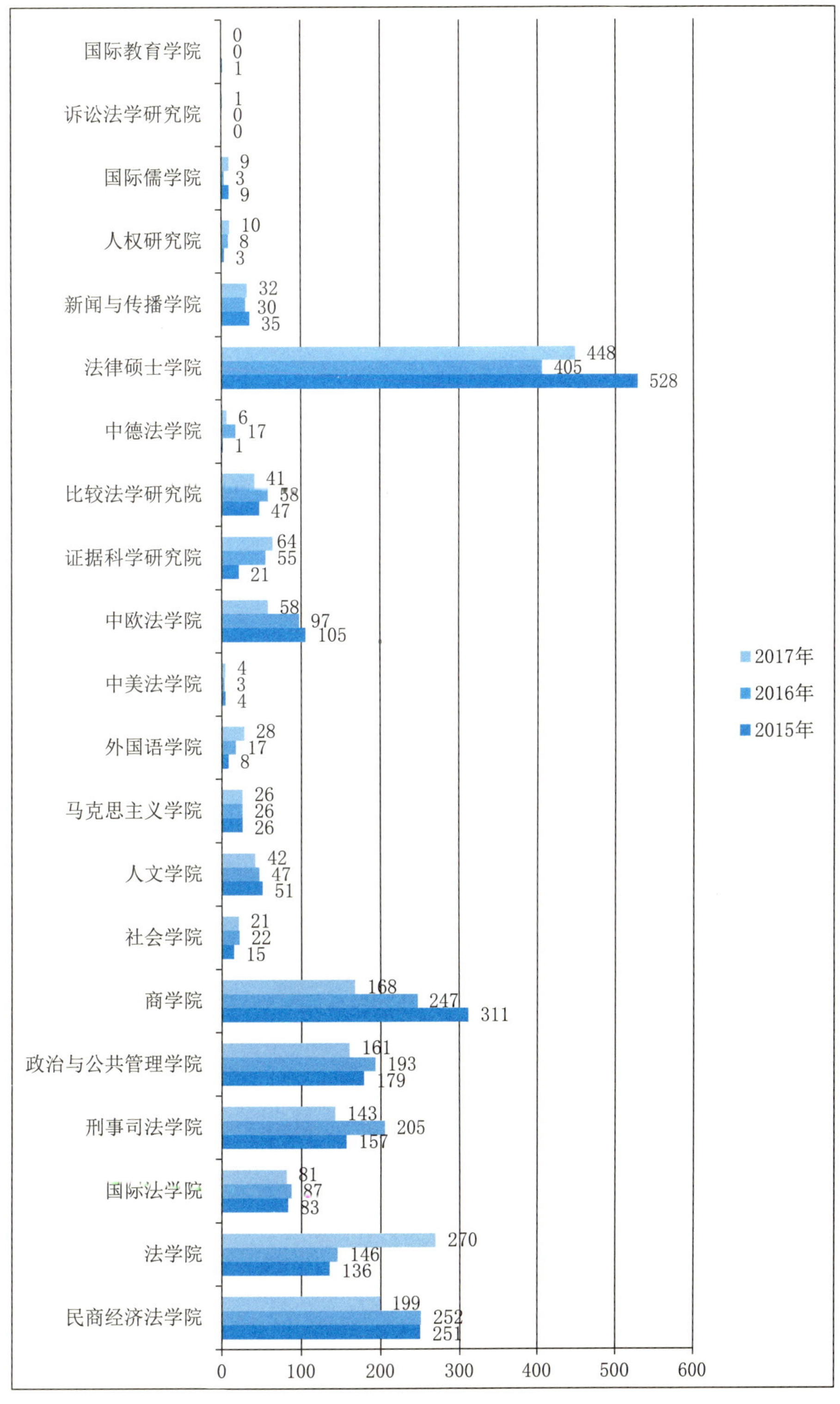


**2015年~2017年　各学院硕士毕业生学位论文收录情况**

根据上图，民商经济法学院、法学院、国际法学院、刑事司法学院这四大法学院，与政治与公共管理学院、商学院和法律硕士学院是硕士学位论文的主力军。其他学院如社会学院、中美法学院、比较法学研究院、新闻与传播学院、国际儒学院，略有起伏；人文学院、中欧法学院、国际教育学院，呈下降趋势；外国语学院、证据科学研究院、人权研究院、诉讼法学研究院，呈上升趋势；马克思主义学院保持稳定。

### （四）2015 年~2017 年各学科论文收取情况

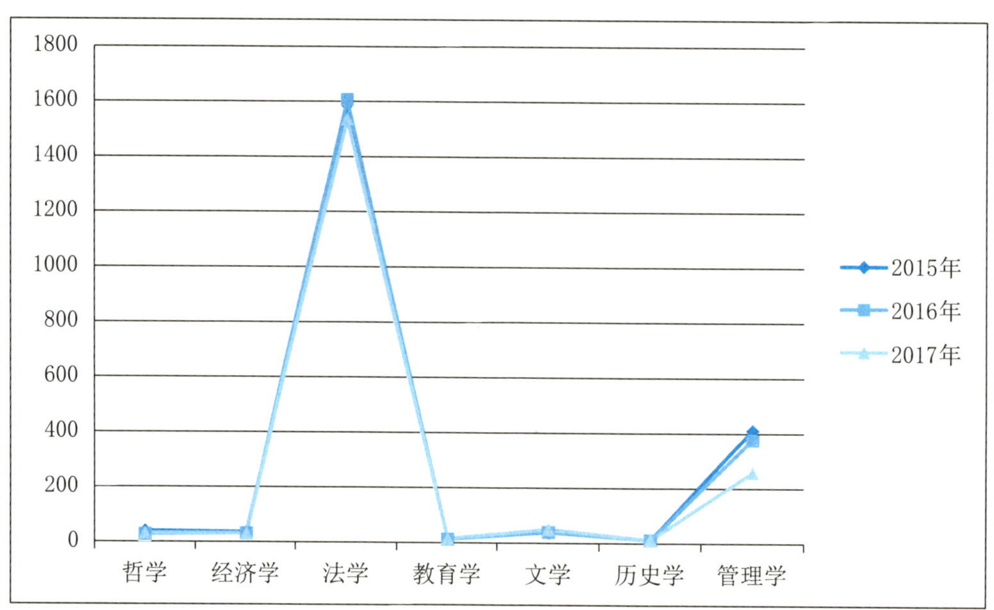


**2015 年~2017 年各学科论文数对比曲线图（不区分博硕）**

具体数据如下：

| 学科 | 2015 年 | 2016 年 | 2017 年 |
|---|---|---|---|
| 哲学 | 35 | 24 | 27 |
| 经济学 | 32 | 28 | 28 |
| 法学 | 1581 | 1602 | 1531 |
| 教育学 | 11 | 11 | 13 |
| 文学 | 37 | 38 | 48 |
| 历史学 | 11 | 11 | 11 |
| 管理学 | 410 | 375 | 256 |

对比曲线图可以看出，从 2015 年~2017 年，我校各学科博硕士论文收录的数量的曲线基本重合，起伏并不是很大。说明三年以来，我校在学科建设、人才培养方面相对稳定。

## 三、2015 年~2017 年博硕论文数据库使用情况

### （一）学校用户访问论文库统计

| 年 | 访问量 |
|---|---|
| 2015 | 2134 |
| 2016 | 3834 |
| 2017 | 13 190 |

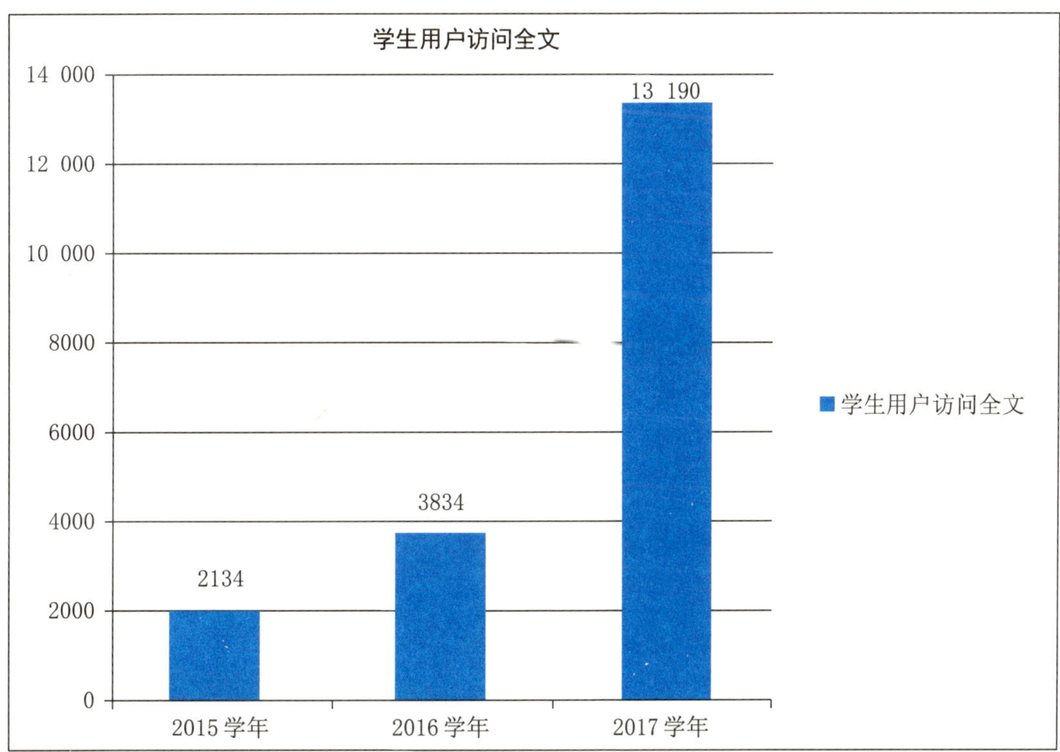


我校图书馆自 2015 年启用麦达 ETD 学位论文提交与发布系统，三年以来学生用户使用该系统的数量剧增，这也是学生用户对使用麦达系统检索博硕士学位论文进行学习与科研的肯定。

### （二）论文全文传递数量统计

用户申请论文全文传递的数量对比

| 年 | 传递总量 |
|---|---|
| 2015 | 326 |
| 2016 | 211 |
| 2017 | 456 |

法大校内用户通过邮件申请传递博硕士学位论文全文，2017 年的传递总量较 2015 年、2016 年有了大幅提高，体现了我校博硕士学位论文研究的主题与学科热点联系紧密，对在校学生的学习和科研有较好

的指导意义。

## 四、中国知网中我校博硕毕业论文情况统计

### （一）中国知网收录我校博硕士学位论文总体情况

中国知网收录的我校博硕士毕业生的学位论文，从 2000 年至 2011 年持总体上升趋势，自 2012 年开始逐年下滑，形成这种情况可能涉及以下几方面的原因：知网只收录优秀博硕毕业论文；毕业生著作权意识提高或者自身有出版的需要；高校建立了自己的博硕论文数据库。

### （二）2015 年~2017 年中国知网中我校博硕士学位论文下载及被引情况统计

图示的数据为 2015 年~2017 年中国知网收录的我校博硕士毕业生的学位论文中，下载数量排名前五的论文，及其被引用情况对比。

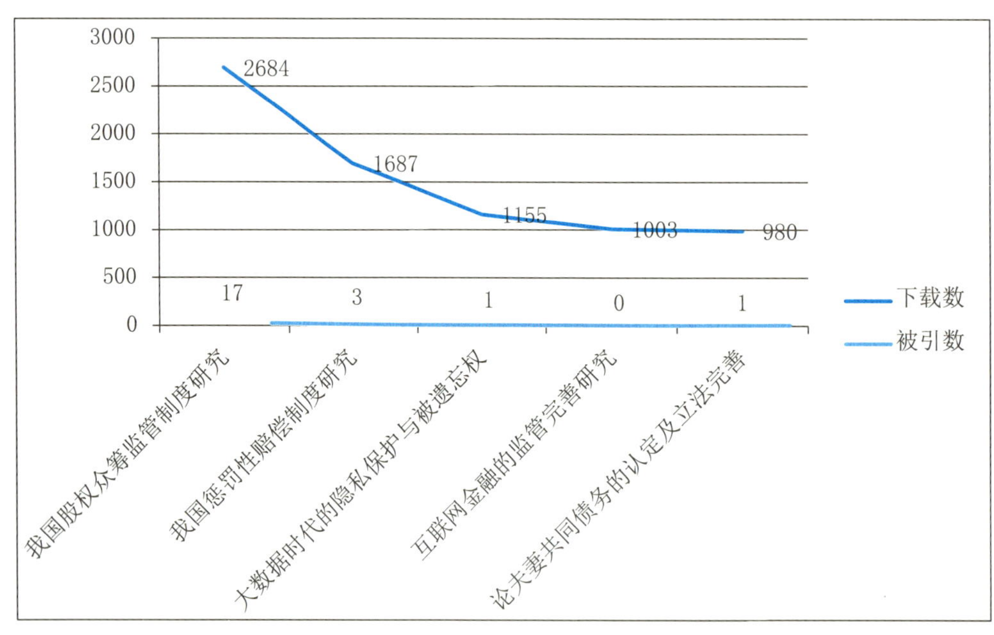


**2015 年中国知网中我校博硕士学位论文下载及被引情况**

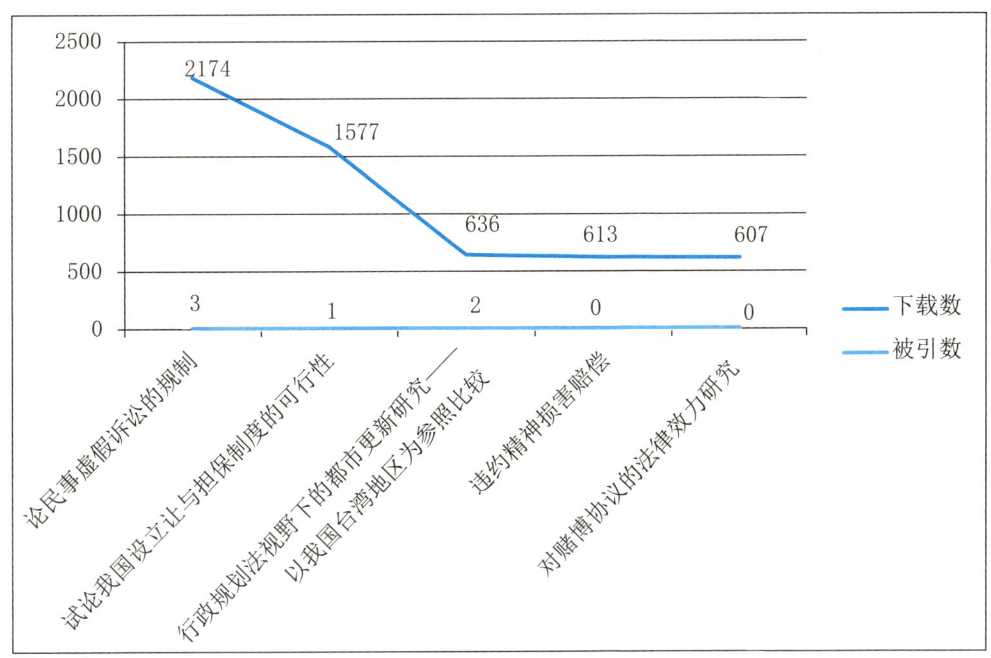


2016 年中国知网中我校博硕士学位论文下载及被引情况

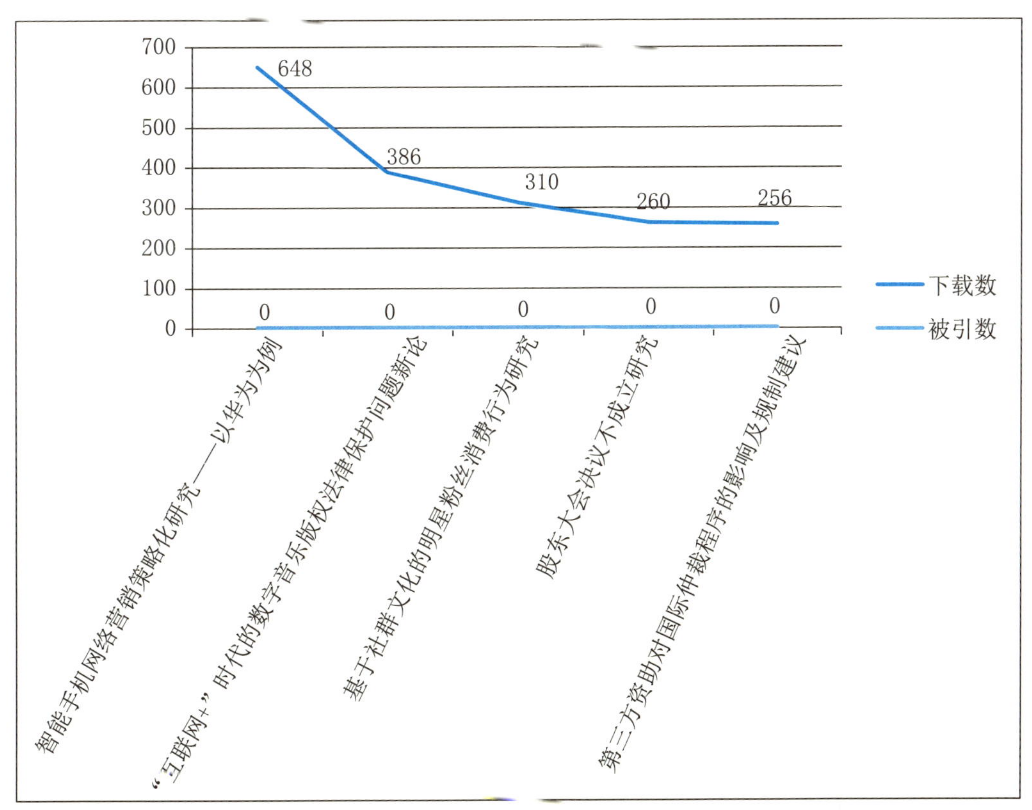


2017 年中国知网中我校博硕士学位论文下载及被引情况

从 2015 年~2017 年年度下载数量前 5 名的论文可以看出，民法、经济法方向的论文数量占总数的 86.7%，民商经济法学的研究是法学研究的热点。而论文的被引数量较少，说明在文章的质量上还有很大的提升空间。在参加对比的 15 篇论文中，只有《行政规划法视野下的都市更新研究——以我国台湾地区为参照比较》为博士论文，其余 14 篇均为硕士论文。这说明在博硕论文的选题上，硕士论文更加大范围地选取了学科和社会的热点问题，博士论文则更注重学科深度的研究，在学科热度上难免难以兼顾。

## 五、论文系统改进、未来工作的建议

### （一）系统改进建议

麦达论文提交系统与我校一卡通系统没有接轨，博硕士毕业生提交论文需通过“注册——登录——提交”的程序来完成，容易出现误填、错填的情况。因此，建议麦达系统与校园一卡通系统进行接轨，将学生的信息同步录入麦达系统，博硕士毕业生可直接登录提交论文，防止注册信息错误影响论文提交。

麦达系统的图表统计在截取固定时间段统计论文提交情况功能方面存在问题，无论如何选择时间，系统默认一个自然年，这样不利于专门对比某一时段的论文提交情况，建议改进。另外，麦达系统的部分统计功能的设计，缺乏实用性，如对关键词等的统计，只以列表形式呈现结果，无法显示求和的结果，建议改进。可增加更多的统计主题，如教师、专业等，便于对我校导师培养情况、学科热点研究等作深层的统计和分析。

在未开放论文的信息列表页面，不显示学生类型是博士、硕士的信息，建议增加。

### （二）对未来工作的建议

未来的图书馆论文工作，建议增加对论文工作人员的 word 文档操作技能培训，学习博硕士学位论文的写作要求，帮助学生更好地完成论文的提交。使图书馆的麦达论文系统与校内的论文相关系统形成对接，便于麦达论文提交系统获取学科、专业、导师、学生等相关信息，为在校师生读者提供更加完善的论文服务。

# 第五篇 中国政法大学图书馆用户满意度调查分析报告

高校图书馆作为高校的学术研究中心和文献资源中心，在知识迅猛发展的时代背景下，占据着越来越重要的地位。为全面了解我校图书馆资源利用和读者满意度情况，更好地提升图书馆为全校师生读者服务的水平，促进我校“双一流”建设，2017 年 11 月至 12 月，我校图书馆开展了“用户满意度调查”活动。调查报告选取了五个维度，分别是办馆条件、文献资源建设、网络化与数字化建设、读者服务、科学管理，并从这五个方面进行问卷调查和分析。

## 第一部分　总体数据

本次共发放对外问卷 1090 份，对内问卷 34 份，分别通过图书馆微信公众号平台、中国政法大学微信公众号平台、图书馆网站进行网上推送，在学院路图书馆和昌平法渊阁图书馆借阅台设置问卷发放点，读者均选择通过二维码扫码进行答卷，共回收问卷 1124 份。对外问卷共计收到读者建议 1155 条，其中博士研究生、硕士研究生、本科生、教师、行政工作人员、专业技术人员所占比例分别是 4.4%、43.12%、41.1%、5.41%、3.58%、2.39%，法学学院、法律硕士学院、科研研究院、外国语学院、商学院、人文学院、政治与公共管理学院、新闻学院读者比例分别是 47.01%、21.39%、6.36%、5.78%、5.59%、5.59%、4.24%、4.05%。对内问卷共收到职工问题反映 22 个，建议 43 条。此次问卷的样本数据覆盖了图书馆工作的各个岗位，具有代表性。问卷的问题设计了单选题、多选题、矩阵量表题和开放性问题，主要采用定量分析和定性分析的方法，对问卷进行整体性和交叉性分析。

## 第二部分　调查结果

### 一、办馆条件

#### （一）用户对图书馆基础设施的满意度

请您对我馆整体服务进行评分：1（表示非常不满意）→5（表示非常满意）

| 题目\选项 | 1 | 2 | 3 | 4 | 5 | 平均分 |
|---|---|---|---|---|---|---|
| 图书馆的设施与环境 | 98（8.99%） | 144（13.21%） | 303（27.8%） | 322（29.54%） | 223（20.46%） | 3.39 |

面向图书馆工作人员以外收回的1090份有效调查问卷中，读者对“图书馆的设施与环境”评价3.39分，低于本题对图书馆整体服务的评分3.85分。50%的读者表示了满意，另外50%的读者表示了一般或不满意，说明我馆读者对图书馆设施的整体评价不高。

| 题目\选项 | 1 | 2 | 3 | 4 | 5 | 平均分 |
|---|---|---|---|---|---|---|
| 图书馆的设施与环境 | 3（8.82%） | 6（17.65%） | 16（47.06%） | 6（17.65%） | 3（8.82%） | 3 |

面向图书馆工作人员收回的34份有效调查问卷中，对“图书馆的设施与环境”评价3分，满意度不高，低于本题对图书馆整体服务的评分3.99分。

### （二）用户对图书馆空间设计的满意度

请您对我馆整体服务进行评分：1（表示非常不满意）→5（表示非常满意）

| 题目\选项 | 1 | 2 | 3 | 4 | 5 | 平均分 |
|---|---|---|---|---|---|---|
| 馆藏资源布局合理 | 46（4.22%） | 105（9.63%） | 282（25.87%） | 376（34.5%） | 281（25.78%） | 3.68 |

读者对图书馆的空间设计和资源布局的评分为3.68分，有60.28%的读者表示达到了满意的程度，剩余39.72%的读者表示一般或不满意。

对此项问题，问卷设计了开放性问题来收集读者的意见，通过对外问卷的第25题回收的621条回复中，读者普遍关注的问题有以下几个：①图书馆空间利用浪费；②图书馆自习座位较少；③图书馆的自习空间应当作功能区划分。

### （三）用户对图书馆配套设施的满意度

我馆配置的硬件服务设施，除自助借还设备外，还包括自助复印设备、座位预约设备等，通过交叉对比，结果如下：

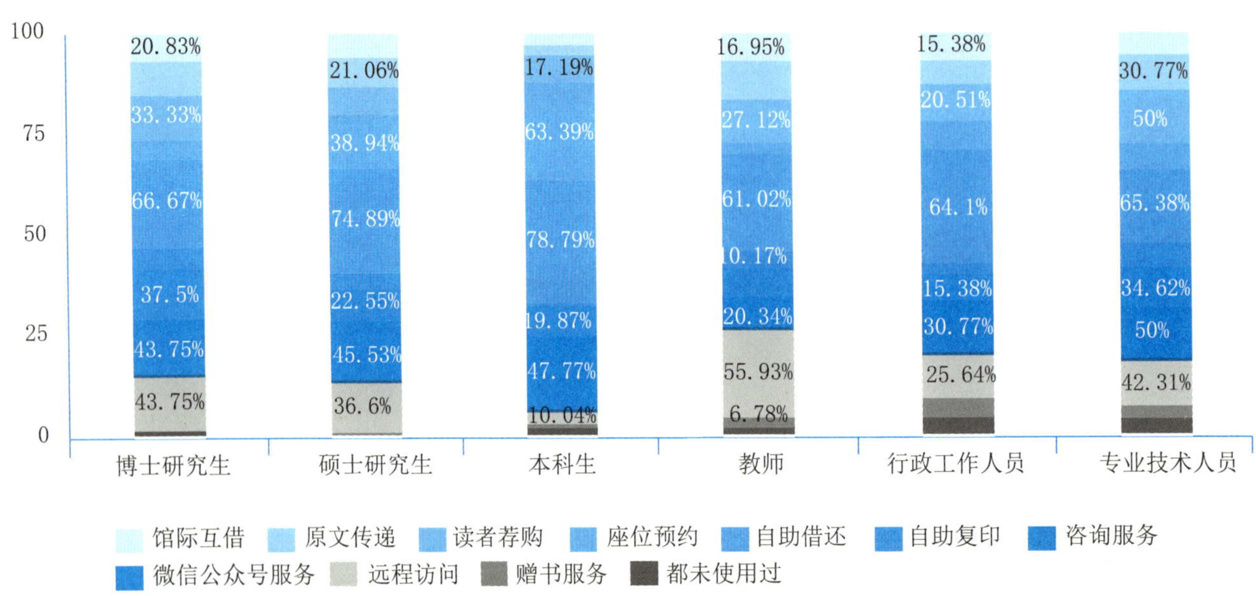

如图所示，自助复印设备的使用率相对较高，各个类型读者对该项设备的使用比例都达到了60%以上。读者对该项的评价如下：

请您对我馆整体服务进行评分：1（表示非常不满意）→5（表示非常满意）

| 题目\选项 | 1 | 2 | 3 | 4 | 5 | 平均分 |
|---|---|---|---|---|---|---|
| 图书馆自助借还服务便捷、高效 | 8（0.73%） | 15（1.38%） | 78（7.16%） | 321（29.45%） | 668（61.28%） | 4.49 |

通过上表可以看出读者对自助借还服务的评价比较高，达到了4.49分，是矩阵评分中的最高分。有61.28%的读者表示了非常满意，只有2.11%的读者表示了不满意。这说明我馆的自助借还设备及服务受到读者的广泛肯定。

另外，通过开放性问题的答卷回收统计，读者对于图书馆配套设施的问题集中在：自助借阅设备故障频率；在昌平法渊阁增加自助复印设备；座位预约设备故障频率；图书馆应增加电脑检索设备这几个方面。

## 二、文献资源建设

### （一）纸质文献的保障和利用

1. 读者对图书纸质版和电子版的偏好选择

如果您想要借阅的图书有纸质版和电子版，您更愿意借阅？　[单选题]

| 选项 | 小计 | 比例 |
|---|---|---|
| 纸质版 | 910 | 83.49% |
| 电子版 | 180 | 16.51% |
| 本题有效填写人次 | 1090 | |

如表中所示，有83.49%的读者（910人次）选择纸质版图书，有16.51%的读者（180次）选择电子版，这说明在电子化图书迅猛发展的今天，纸质图书仍然是广大读者更愿意接受的阅读媒介。

就图书馆内部工作人员来看，选择纸本方式阅读的群体亦远高于选择阅读电子版人群。

| 选项 | 小计 | 比例 |
|---|---|---|
| 纸质版 | 28 | 82.35% |
| 电子版 | 6 | 17.65% |
| 本题有效填写人次 | 34 | |

而且，根据问卷交叉统计，显示出教师选择纸质版书占的比例是57.63%、行政人员66.67%、专业技术人员73.08%、博士生70.83%，而硕士研究生和本科生选择纸质版书的比率就增大很多，分别为86.38%和87.28%。可以看出随着年龄与学历的增长，阅读纸质版书的比率反而更低。

2. 读者对纸质版书籍类型的选择

| 书刊种类 | 选择比例 |
|---|---|
| 学术专著 | 78.88% |
| 知识拓展类图书 | 52.29% |
| 教学参考书 | 46.61% |
| 学习指导书 | 44.59% |
| 娱乐性图书 | 19.72% |
| 考试用书 | 19.72% |
| 其它 | 4.95% |

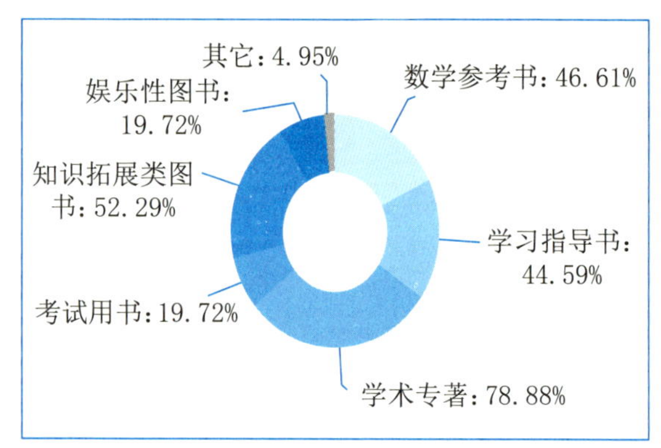


从读者经常借阅书籍的类型上看，被借阅频率最高的是学术专著，被选择比例达到了78.88%（838人次），其次是知识拓展类图书、教学参考书和学习指导书，比例分别为52.29%（570人次）、46.61%（508人次）、44.59%（486人次），娱乐性图书和考试用书的借阅比例排名靠后，但也达到了19.72%（215人次）。

根据问卷交叉统计，教师、博士研究生与硕士研究生借阅学术专著的比例最高，而本科生、专业技术人员与行政人员对知识拓展类图书的比例需求较大。

3. 读者纸质版图书借阅册数

您每学期大约从图书馆借阅多少图书？ ［单选题］

| 选项 | 小计 | 比例 |
|---|---|---|
| 基本不借阅 | 100 | 9.17% |
| 5~10册 | 386 | 35.41% |
| 10~20册 | 296 | 27.16% |
| 20~30册 | 173 | 15.87% |
| 30册以上 | 135 | 12.39% |
| 本题有效填写人次 | 1090 | |

就图书馆借阅图书的册数统计来看，每学期借阅5册~10册的读书群体占比为35.41%，其后，随着册数的提升，读者群体的相应占比依次递减，另外“基本不借阅图书”的读者群体比率为9.17%。仅从统计数字上分析，可以看出，读者借阅图书的人均册数较少，图书单位时间内外部流通率较低。

另外，通过交叉分析如下图：

8. 您每学期大约从图书馆借阅多少图书？ ［单选题］

| X/Y | 基本不借阅 | 5~10册 | 10~20册 | 20~30册 | 30册以上 | 小计 |
|---|---|---|---|---|---|---|
| 博士研究生 | 3（6.25%） | 7（14.58%） | 12（25.00%） | 7（14.58%） | 19（39.58%） | 48 |
| 硕士研究生 | 14（2.98%） | 126（26.81%） | 153（32.55%） | 111（23.62%） | 66（14.04%） | 470 |
| 本科生 | 53（11.83%） | 210（46.88%） | 104（23.21%） | 46（10.27%） | 35（7.81%） | 448 |

续表

| X/Y | 基本不借阅 | 5~10 册 | 10~20 册 | 20~30 册 | 30 册以上 | 小计 |
|---|---|---|---|---|---|---|
| 教师 | 16（27.12%） | 15（25.42%） | 12（20.43%） | 5（8.47%） | 11（18.64%） | 59 |
| 行政工作人员 | 10（25.64%） | 18（46.15%） | 7（17.95%） | 2（5.13%） | 2（5.13%） | 39 |
| 专业技术人员 | 4（15.38%） | 10（38.46%） | 8（30.77%） | 2（7.69%） | 2（7.69%） | 26 |

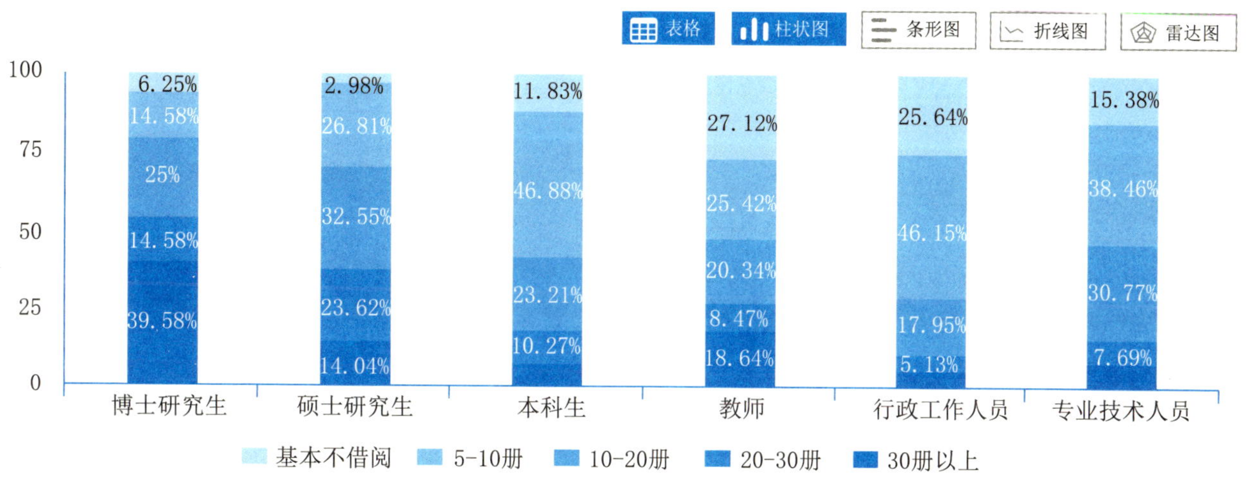


可知，博士研究生借阅册数远大于其他人群，而教职工借阅册数低于在校生比例。

4. 读者对纸质版图书馆藏特色资源的了解情况

| 选项 | 小计 | 比例 |
|---|---|---|
| 政法博硕论文 | 402 | 36.88% |
| 特藏库书籍 | 179 | 16.42% |
| 法大文库 | 327 | 30% |
| 中国政法大学政治学参考文献 | 126 | 11.56% |
| 法学文献题录索引 | 173 | 15.87% |
| 中国法律法规大典 | 133 | 12.2% |
| 《法律评论》周刊 | 104 | 9.54% |
| 不了解图书馆的特色馆藏 | 489 | 44.86% |
| 本题有效填写人次 | 1090 | |

特色馆藏资源是图书馆为满足读者多元需求而建设的资源库，从统计数据来看，政法博硕论文、法大文库是被知晓比例较大的特色资源，比例分别达到了36.88%和30%；其次是法学文献题录索引、中国法律法规大典等，在既有的特色资源中，被知晓比率最低的是《法律评论》周刊，仅为9.54%。与此同时，有将近一半（44.86%）的被调查对象称不了解特色馆藏。

5. 图书馆纸本资源多维度评价

| 题目\选项 | 1 | 2 | 3 | 4 | 5 | 平均分 |
|---|---|---|---|---|---|---|
| 图书馆纸本资源的数量 | 40（3.67%） | 97（8.9%） | 218（20%） | 399（36.61%） | 336（30.83%） | 3.82 |
| 图书馆纸本资源全面 | 48（4.4%） | 105（9.63%） | 262（24.04%） | 406（37.25%） | 269（24.68%） | 3.68 |
| 图书馆纸本资源与学校教学科研、学生学习的结合紧密 | 27（2.48%） | 65（5.96%） | 218（20%） | 431（39.54%） | 349（32.02%） | 3.93 |
| 图书馆现有资源结构（各种资源所占比例）合理 | 54（4.95%） | 106（9.72%） | 262（24.04%） | 390（35.78%） | 278（25.5%） | 3.67 |

从数据可以看出，读者对图书馆纸质资源总体评价比较满意，四个评价维度平均得分为3.775；但是相较于本题——图书馆整体评价而言，文献资源总体平均得分低于整体（图书馆整体得分3.85分），其中“图书馆现有资源结构（各种资源所占比例）合理”与“图书馆纸本资源全面程度”满意度较低，平均得分分别为3.67和3.68。

对内调查的结果显示：

| 题目\选项 | 1 | 2 | 3 | 4 | 5 | 平均分 |
|---|---|---|---|---|---|---|
| 图书馆纸本资源的数量 | 0（0%） | 1（2.94%） | 6（17.65%） | 16（47.06%） | 11（32.35%） | 4.09 |
| 图书馆纸本、电子资源全面 | 0（0%） | 2（5.88%） | 11（32.35%） | 14（41.18%） | 7（20.59%） | 3.76 |
| 图书馆纸本、电子资源与学校教学科研、学生学习的结合紧密 | 0（0%） | 3（8.82%） | 7（20.59%） | 14（41.18%） | 10（29.41%） | 3.91 |
| 图书馆现有资源结构（各种资源所占比例）合理 | 0（0%） | 5（14.71%） | 5（14.71%） | 14（41.18%） | 10（29.41%） | 3.85 |

与用户满意度相近，平均分3.902，略低于总体服务满意平均分3.99分。说明我馆资源的内外评价较为一致，资源有待科学化完善。

### （二）电子文献的更新和利用

1. 用户了解图书馆电子资源的方式

您通常利用以下哪些方式了解图书馆电子资源使用方法？［多选题］

| 选项 | 小计 | 比例 |
|---|---|---|
| 咨询图书馆老师 | 419 | 38.44% |
| 请教自己熟悉的老师或同学 | 651 | 59.72% |
| 通过图书馆举办的教学培训类讲座 | 245 | 22.48% |
| 从图书馆网站上下载使用教程或培训课件 | 338 | 31.01% |
| 其它 | 84 | 7.71% |
| 本题有效填写人次 | 1090 | |

最常用的方式是请教自己熟悉的老师或同学（59.72%），其次是咨询图书馆老师（38.44%），第三是从图书馆网站上下载使用教程或培训课件（31.01%），第四是通过图书馆举办的教学培训类讲座

(22.48%),最后是选择其他(主要是微信公众号等方式)(占7.71%)。

2. 用户使用图书馆电子资源获取资料

您经常使用以下哪些电子资源获取所需资料? [多选题]

| 选项 | 小计 | 比例 |
|---|---|---|
| 知网、万方等综合类期刊数据库 | 1019 | 93.49% |
| 北大法宝、Westlaw 等法律类数据库 | 638 | 58.53% |
| 中华数字书苑、Myilibrary、JSTOR 等电子书数据库 | 172 | 15.78% |
| 新东方网络课程、知识视界等多媒体数据库 | 92 | 8.44% |
| 本题有效填写人次 | 1090 | |

如表格所示,用户获取所需资料经常使用的数据库按使用频率由高到低依次为:知网、万方等综合类期刊数据库93.49%,北大法宝、Westlaw 等法律类数据库58.53%,中华数字书苑、Myilibrary、JSTOR 等电子书数据库15.78%,新东方网络课程、知识视界等多媒体数据库8.44%。

3. 用户对"恶意下载"行为的理解

以下这些行为,您认为哪些属于恶意下载行为? [多选题]

| 选项 | 小计 | 比例 |
|---|---|---|
| 使用任何智能下载工具下载图书馆购买的电子资源 | 294 | 26.97% |
| 连续、系统、集中、批量地下载文献 | 427 | 39.17% |
| 将所获得的文献提供给非我校人员进行非法牟利 | 930 | 85.32% |
| 未经学校网络中心的允许,私自设置相应的代理服务器 | 900 | 82.57% |
| 本题有效填写人次 | 1090 | |

根据表格显示的结果,用户对于"恶意下载"行为,认为"将所获得文献提供给非我校人员进行非法牟利"的占85.32%;"未经学校网络中心的允许,私自设置相应的代理服务器"的占82.57%;"连续、系统、集中、批量地下载文献"的占39.17%;"使用任何智能下载工具下载图书馆购买的电子资源"占26.97%。

4. 用户获得所学专业最新发展动态的途径

您一般使用哪些途径获得自己所学专业的最新发展动态? [多选题]

| 选项 | 小计 | 比例 |
|---|---|---|
| 利用图书馆的资源与服务 | 509 | 46.7% |
| 利用网络搜索引擎(百度、谷歌等) | 729 | 66.88% |
| 通过培训、讲座、讨论等形式 | 585 | 53.67% |
| 从导师和同学处获得 | 671 | 61.56% |
| 其它 | 38 | 3.49% |
| 本题有效填写人次 | 1090 | |

在参与调查的用户中，66.88%的用户选择利用网络搜索引擎（百度、谷歌等），61.56%是从导师和同学处获得，53.67%是通过培训、讲座、讨论等形式获得，46.7%是利用图书馆资源与服务获得，只有3.49%的用户选择通过其他方式获得。

5. 电子资源整体评价

| 题目\选项 | 1 | 2 | 3 | 4 | 5 | 平均分 |
|---|---|---|---|---|---|---|
| 图书馆电子资源的数量 | 41（3.76%） | 80（7.34%） | 283（25.96%） | 370（33.94%） | 316（28.99%） | 3.77 |
| 图书馆纸本、电子资源全面 | 48（4.4%） | 105（9.63%） | 262（24.04%） | 406（37.25%） | 269（24.68%） | 3.68 |
| 图书馆纸本、电子资源与学校教学科研、学生学习的结合紧密 | 27（2.48%） | 65（5.96%） | 218（20%） | 431（39.54%） | 349（32.02%） | 3.93 |
| 图书馆现有资源结构（各种资源所占比例）合理 | 54（4.95%） | 106（9.72%） | 262（24.04%） | 390（35.78%） | 278（25.5%） | 3.67 |

参与调查的用户对图书馆电子资源数量的满意度评价为3.77分（满分5分），在图书馆纸本、电子资源全面性上，评分为3.68分，在图书馆纸本、电子资源与学校教学科研、学生学习的结合紧密上，评分为3.93分，在图书馆现有资源结构（各种资源所占比例）合理上，评分为3.67分，用户对图书馆电子资源综合来看还是比较满意的。

6. 文献资源建设开放性问题结果

通过调查问卷的第25题开放性问题回收的621条用户反馈，有161条涉及文献资源建设，反映的问题主要集中在外文、非法学电子资源不丰富，CNKI数据库非常不全，热门图书数量不足，图书、电子文献资料没有占据学术前沿，图书资料布局不够合理，期刊数量不足等方面。

## 三、网络化与数字化建设

### （一）网络效率

请您对我馆图书馆的网站设计、网络速度进行评分：1（表示非常不满意）→5（表示非常满意）

| 题目\选项 | 1 | 2 | 3 | 4 | 5 | 平均分 |
|---|---|---|---|---|---|---|
| 图书馆的网站设计、网络速度 | 32（2.94%） | 79（7.25%） | 256（23.49%） | 400（36.7%） | 323（29.63%） | 3.83 |

从用户评分来看，读者对图书馆的网络效率总体满意度一般。如表所示，评价为4分的用户占的最多，占总体的36.7%；评分为3分和5分的用户分别占23.49%、29.63%；只有1/10的用户评分在2分以下。总体来说，我校师生对图书馆的网站设计以及网络速度基本满意。

通过交叉分析，结果如下：

第24题（第18小题）：24. 请您对我馆整体服务进行评分：1（表示非常不满意）→5（表示非常满意）（图书馆的网站设计、网络速度）　［矩阵题］

| X\Y | 1 | 2 | 3 | 4 | 5 | 小计 | 平均分 |
|---|---|---|---|---|---|---|---|
| 博士研究生 | 3（6.25%） | 5（10.42%） | 8（16.67%） | 21（43.75%） | 11（22.92%） | 48 | 3.67 |
| 硕士研究生 | 10（2.13%） | 25（5.32%） | 94（20%） | 183（38.94%） | 158（33.62%） | 470 | 3.97 |

续表

| X\Y | 1 | 2 | 3 | 4 | 5 | 小计 | 平均分 |
|---|---|---|---|---|---|---|---|
| 本科生 | 15（3.35%） | 39（8.71%） | 118（26.34%） | 156（34.82%） | 120（26.79%） | 448 | 3.73 |
| 教师 | 4（6.78%） | 9（15.25%） | 21（35.59%） | 16（27.12%） | 9（15.25%） | 59 | 3.29 |
| 行政工作人员 | 0（0%） | 0（0%） | 8（20.51%） | 16（41.03%） | 15（38.46%） | 39 | 4.18 |
| 专业技术人员 | 0（0%） | 1（3.85%） | 7（26.92%） | 8（30.77%） | 10（38.46%） | 26 | 4.04 |

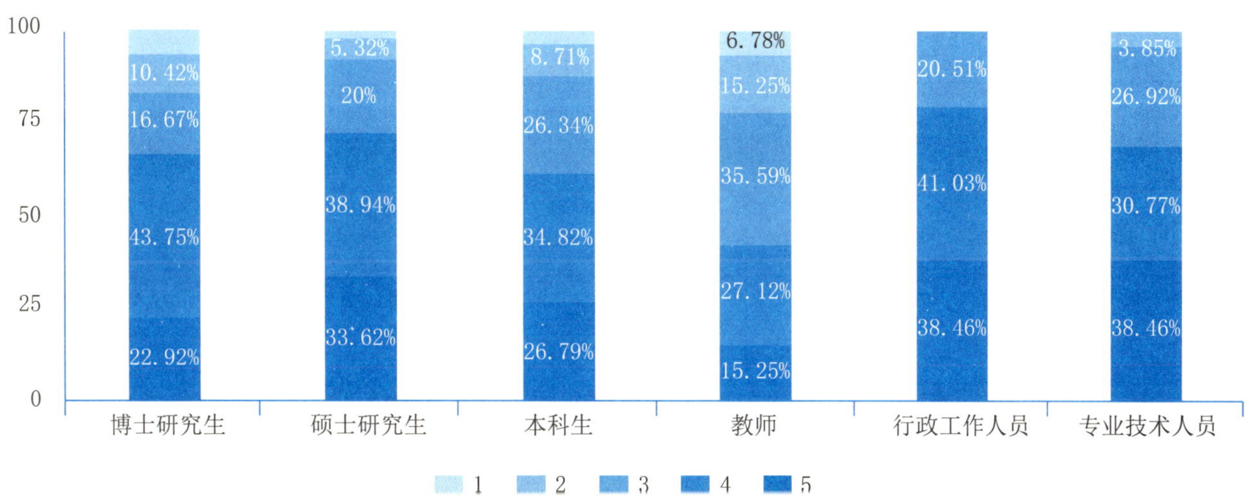


根据上面的表格和图示，硕士研究生、行政工作人员和专业技术人员的评分高于此项的平均分3.83，博士研究生、本科生、教师的评分都低于平均分，其中教师用户的评分最低，只有3.29分。

### （二）远程访问

1. 您使用过图书馆远程访问服务吗？ [单选题]

| 选项 | 小计 | 比例 |
|---|---|---|
| 用过 | 392 | 35.96% |
| 没用过 | 427 | 39.17% |
| 不知道远程访问是什么 | 271 | 24.86% |
| 本题有效填写人次 | 1090 | |

如表所示，35.96%的读者表示使用过远程访问服务；39.17%的读者没有用过；24.86%的读者不知道远程访问服务是什么。

2. 您是通过什么渠道知道远程访问的？ [多选题]

| 选项 | 小计 | 比例 |
|---|---|---|
| 图书馆主页介绍 | 234 | 59.69% |
| 同学、同事、朋友介绍 | 167 | 42.6% |
| 图书馆老师介绍 | 100 | 25.51% |

续表

| 选项 | 小计 | 比例 |
|---|---|---|
| 其他 | 11 | 2.81% |
| 本题有效填写人次 | 392 | |

使用过远程访问服务的读者中，超过半数的用户是通过图书馆主页介绍了解此项服务的；42.6%的用户是经同学、同事、朋友介绍知道我馆远程访问服务的；25.51%的用户经图书馆老师介绍了解到此项服务；还有2.81%的用户采取了其他途径。

3. 您更喜欢通过哪种方式进行远程访问？　[单选题]

| 选项 | 小计 | 比例 |
|---|---|---|
| 网页版：上图书馆网站，点击远程访问登录 | 346 | 88.27% |
| MotionPro 客户端：安装了 MotionPro 客户端，通过 MotionPro 登录 | 46 | 11.73% |
| 本题有效填写人次 | 392 | |

关于远程访问使用的方式，大部分用户（88.27%）喜欢通过网页版点击远程访问登录；小部分用户选择安装 MotionPro 客户端，通过 MotionPro 登录。

4. 您不喜欢上题中另一种登录方式的原因是什么？　[多选题]

| 选项 | 小计 | 比例 |
|---|---|---|
| 需要安装 JAVA | 75 | 19.13% |
| 需要安装插件 | 122 | 31.12% |
| 对浏览器有使用限制 | 86 | 21.94% |
| 需要安装客户端 | 101 | 25.77% |
| 不知道什么是 MotionPro 客户端 | 197 | 50.26% |
| 本题有效填写人次 | 392 | |

选择通过网页版使用远程访问的用户中，19.13%的用户不使用 MotionPro 客户端的原因为需要安装 JAVA；21.94%的用户对浏览器有使用限制；25.77%的用户不希望安装客户端；50.26%的用户表示不知道 MotionPro 客户端。

选择通过 MotionPro 客户端使用远程访问服务的用户认为使用网页版远程访问需要安装插件。

对此项问题，我们进行了交叉分析，结果如下：

您不喜欢上题中另一种登录方式的原因是什么？　[多选题]

| X\Y | 需要安装 JAVA | 需要安装插件 | 对浏览器有使用限制 | 需要安装客户端 | 不知道什么是 MotionPro 客户端 | 小计 |
|---|---|---|---|---|---|---|
| 博士研究生 | 1（2.08%） | 8（16.67%） | 5（10.42%） | 4（8.33%） | 13（27.08%） | 48 |
| 硕士研究生 | 40（8.51%） | 74（15.74%） | 47（10%） | 62（13.19%） | 115（24.47%） | 470 |

续表

| X\Y | 需要安装JAVA | 需要安装插件 | 对浏览器有使用限制 | 需要安装客户端 | 不知道什么是MotionPro客户端 | 小计 |
|---|---|---|---|---|---|---|
| 本科生 | 15（3.35%） | 18（4.02%） | 13（2.9%） | 16（3.57%） | 33（7.37%） | 448 |
| 教师 | 11（18.64%） | 11（18.64%） | 10（16.95%） | 11（18.64%） | 24（40.68%） | 59 |
| 行政工作人员 | 3（7.69%） | 3（7.69%） | 5（12.82%） | 3（7.69%） | 6（15.38%） | 39 |
| 专业技术人员 | 5（19.23%） | 8（30.77%） | 6（23.08%） | 5（19.23%） | 6（23.08%） | 26 |

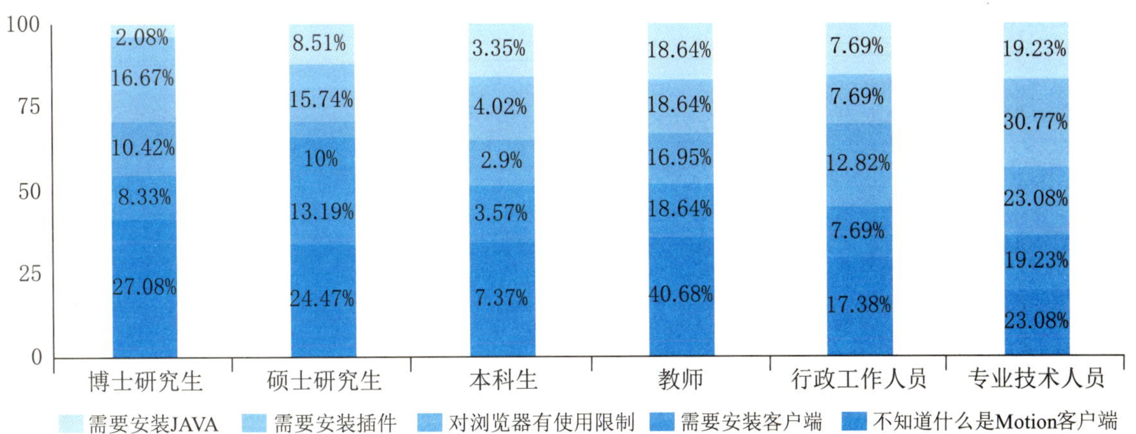


根据结果图示可以看出，大部分的用户不选择MotionPro客户端的最主要原因是不知道该客户端是什么，说明我馆在宣传推广方面存在不足，应当加大宣传力度。

5. 请您对我馆远程服务进行评分：1（表示非常不满意）→5（表示非常满意）

| 题目\选项 | 1 | 2 | 3 | 4 | 5 | 平均分 |
|---|---|---|---|---|---|---|
| 图书馆现有的远程访问 | 57（5.23%） | 96（8.81%） | 295（27.06%） | 355（32.15%） | 287（26.33%） | 3.66 |

如表所示，读者对我馆远程访问的使用情况基本满意，平均分为3.66。26.33%的被调查者对我馆目前现有的远程访问表示非常满意；32.15%的被调查者评价为4分；27.06%的用户评分为3分，13%的用户认为远程访问的使用感到不太满意。

在交叉对比中，我们详细看到：

第24题（第19小题）：24. 请您对我馆整体服务进行评分：1（表示非常不满意）→5（表示非常满意）（图书馆现有的远程访问） ［矩阵题］

| X\Y | 1 | 2 | 3 | 4 | 5 | 小计 | 平均分 |
|---|---|---|---|---|---|---|---|
| 博士研究生 | 4（8.33%） | 7（14.58%） | 10（20.83%） | 17（35.42%） | 10（20.83%） | 48 | 3.46 |
| 硕士研究生 | 22（4.68%） | 31（6.6%） | 114（24.26%） | 162（34.47%） | 141（30%） | 470 | 3.79 |
| 本科生 | 22（4.91%） | 51（11.38%） | 134（29.91%） | 135（30.13%） | 106（23.66%） | 448 | 3.56 |
| 教师 | 9（15.25%） | 6（10.17%） | 22（37.29%） | 14（23.73%） | 8（13.56%） | 59 | 3.1 |
| 行政工作人员 | 0（0%） | 1（2.56%） | 9（23.08%） | 18（46.15%） | 11（28.21%） | 39 | 4 |
| 专业技术人员 | 0（0%） | 0（0%） | 6（23.08%） | 9（34.62%） | 11（42.31%） | 26 | 4.19 |

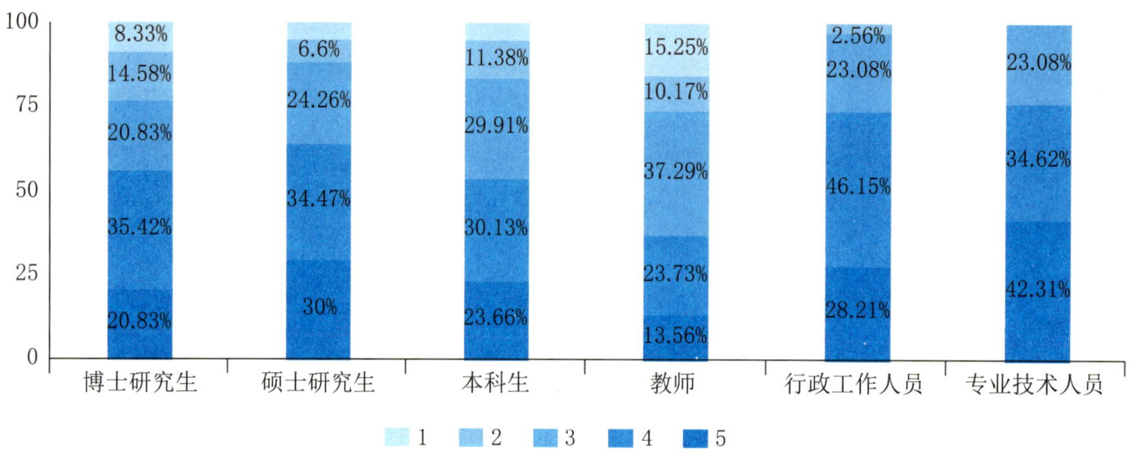


如网络效率部分满意度的结果，对此项的评分，硕士研究生、行政工作人员、专业技术人员评分较高，博士研究生、本科生、教师的评分较低，其中尤其以教师用户的评分最低，仅达到了3分。

### （三）系统建设与维护

调查问卷设计了此项开放性问题，共回收了621条有效反馈，其中与网络化和数字化系统建设有关的有66条反馈，占全部反馈的10.63%。涉及的问题主要包括以下几类：

1. 远程访问系统

关于远程访问的使用问题反馈最多，为49条，占网络化与数字化建设方面反馈的74.24%。主要涉及以下几点：①远程访问登录及使用方法不够便捷（36条）；②希望远程访问服务向本科生开放（6条）；③使用苹果电脑Mac OS X系统时，远程访问不稳定（5条）；④远程访问下载速度需加强（2条）。

2. 图书馆网络系统

关于图书馆网络问题共有8条反馈，占有关网络化与数字化建设方面反馈的12.12%。主要涉及以下几个方面：①网速较慢（5条）；②图书馆网络覆盖面不够（3条）。

3. 图书馆占座系统问题

关于图书馆占座系统的问题共有8条反馈，占有关网络化与数字化建设方面反馈的12.12%。主要涉及以下几个方面：①占座机系统死机、卡顿问题（5条）；②预约座位时间不合理（1条）；③座位释放后系统没有及时更新（2条）。

4. 图书馆网站系统设计问题

关于图书馆网站设计需改善问题有1条反馈，占有关网络化与数字化建设方面反馈的1.51%。

## 四、读者服务

### （一）图书馆服务整体评价

（1）图书馆的整体评价：平均分达到4.06分，本校师生对图书馆的服务基本满意。但是，综合各项服务得分仅为3.85分，尚未达到令人满意的程度。其中，图书馆自助借还服务得分最高为4.49，达到基本满意。图书馆的RFID系统的实施得到全校师生的认可。得分最低的服务是基础设施和环境。达到4分的服务分别有：图书馆员专业性服务；咨询问答服务；文献资源服务。达到3分（一般）的服务有：图书馆的个性服务；学科资源服务（数量和结构）；网络访问速度；信息推送服务（微信公众号）；开馆时间安排。

请您对我馆整体服务进行评分：1（表示非常不满意）→5（表示非常满意）　［矩阵量表题］

| 题目＼选项 | 1 | 2 | 3 | 4 | 5 | 平均分 |
|---|---|---|---|---|---|---|
| 图书馆整体服务水平 | 12（1.1%） | 39（3.58%） | 187（17.16%） | 487（44.68%） | 365（33.49%） | 4.06 |
| 图书馆员能够正确理解读者的问题，具有必要的知识和技能 | 15（1.38%） | 35（3.21%） | 158（14.5%） | 437（40.09%） | 445（40.83%） | 4.16 |
| 图书馆能够及时回复读者的批评和建议并认真改进工作 | 26（2.39%） | 41（3.76%） | 208（19.08%） | 402（36.88%） | 413（37.89%） | 4.04 |
| 图书馆能够关注并理解读者的个性化需求，并提供令人满意的帮助 | 36（3.3%） | 62（5.69%） | 261（23.94%） | 388（35.6%） | 343（31.47%） | 3.86 |
| 图书馆的设施与环境 | 98（8.99%） | 144（13.21%） | 303（27.8%） | 322（29.54%） | 223（20.46%） | 3.39 |
| 馆藏资源指示标识清晰、明确 | 42（3.85%） | 104（9.54%） | 251（23.03%） | 370（33.94%） | 323（29.63%） | 3.76 |
| 馆藏资源布局合理 | 46（4.22%） | 105（9.63%） | 282（25.87%） | 376（34.5%） | 281（25.78%） | 3.68 |
| 开馆时间安排 | 56（5.14%） | 113（10.37%） | 231（21.19%） | 388（35.6%） | 302（27.71%） | 3.7 |
| 图书馆自助借还服务便捷、高效 | 8（0.73%） | 15（1.38%） | 78（7.16%） | 321（29.45%） | 668（61.28%） | 4.49 |
| 图书馆纸本资源的数量 | 40（3.67%） | 97（8.9%） | 218（20%） | 399（36.61%） | 336（30.83%） | 3.82 |
| 图书馆电子资源的数量 | 41（3.76%） | 80（7.34%） | 283（25.96%） | 370（33.94%） | 316（28.99%） | 3.77 |
| 图书馆纸本、电子资源全面 | 48（4.4%） | 105（9.63%） | 262（24.04%） | 406（37.25%） | 269（24.68%） | 3.68 |
| 图书馆纸本、电子资源与学校教学科研、学生学习的结合紧密 | 27（2.48%） | 65（5.96%） | 218（20%） | 431（39.54%） | 349（32.02%） | 3.93 |
| 图书馆现有资源结构（各种资源所占比例）合理 | 54（4.95%） | 106（9.72%） | 262（24.04%） | 390（35.78%） | 278（25.5%） | 3.67 |
| 图书馆的馆藏书目检索结果的准确度 | 23（2.11%） | 62（5.69%） | 193（17.71%） | 425（38.99%） | 387（35.5%） | 4 |
| 图书馆微信公众号更新推送的内容和频次 | 25（2.29%） | 56（5.14%） | 262（24.04%） | 408（37.43%） | 339（31.1%） | 3.9 |
| 图书馆讲座、课程的安排以及对您学习和科研的帮助 | 36（3.3%） | 88（8.07%） | 256（23.49%） | 381（34.95%） | 329（30.18%） | 3.81 |
| 图书馆的网站设计、网络速度 | 32（2.94%） | 79（7.25%） | 256（23.49%） | 400（36.7%） | 323（29.63%） | 3.83 |
| 图书馆现有的远程访问 | 57（5.23%） | 96（8.81%） | 295（27.06%） | 355（32.57%） | 287（26.33%） | 3.66 |

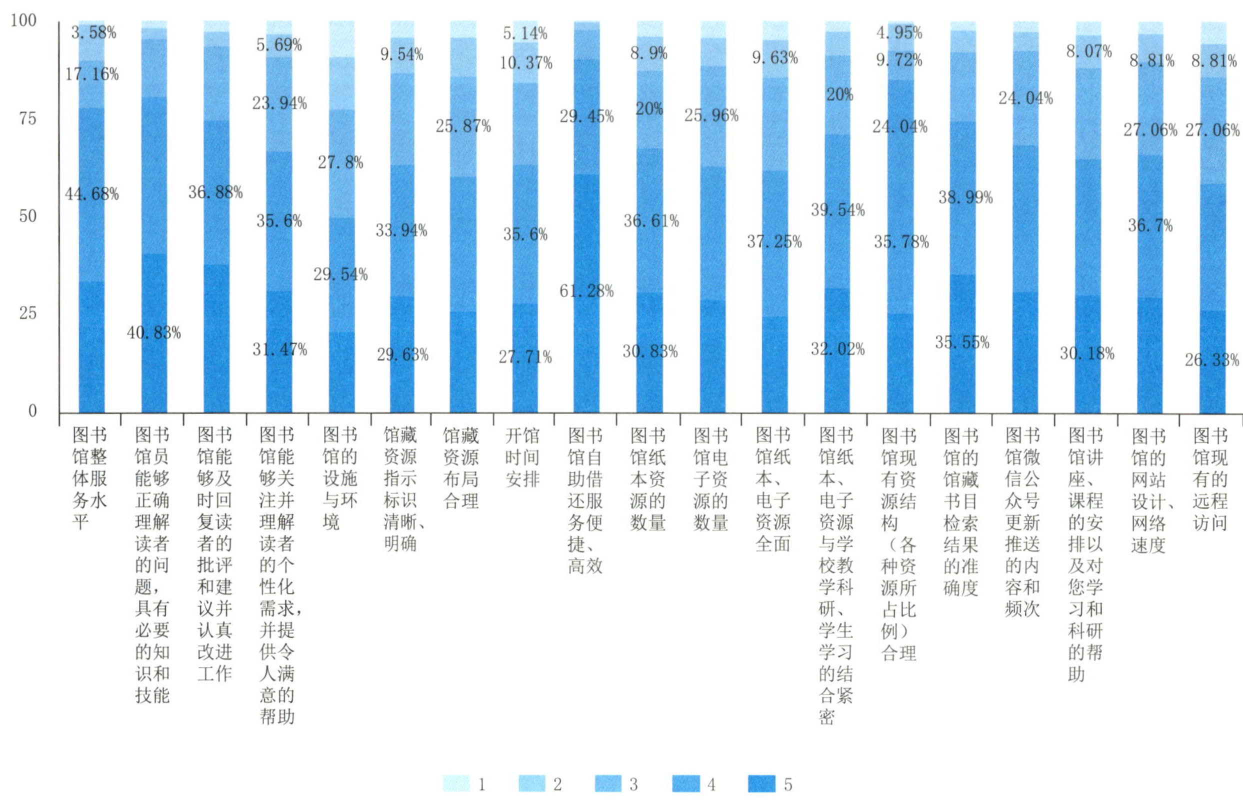


**图书馆各项服务满意度评价折线图**

2. 通过交叉分析，可以看出学校各个群体的满意度评价：从折线图上可见，学生群里（本科生、硕士生和博士生）满意度评价得分均达到了 4 分以上，行政人员和专业技术人员的评价最高，分别为 4.38 分和 4.23 分。但是，教师群体的满意度较低，仅为 3.66 分，其表现为“一般。”

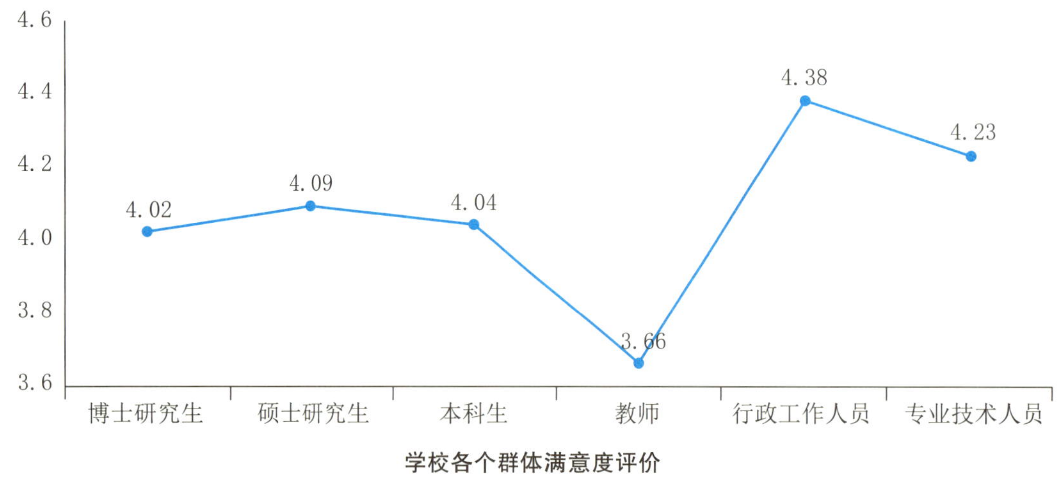


**学校各个群体满意度评价**

## （二）基础服务

### 1. 来馆目的统计

您来图书馆的目的是？　［多选题］

| 选项 | 小计 | 比例 |
|---|---|---|
| 借阅图书 | 978 | 89.72% |
| 咨询问题 | 44 | 4.04% |
| 自习 | 583 | 53.49% |
| 参加图书馆活动 | 50 | 4.59% |
| 其他 | 52 | 4.77% |
| 本题有效填写人次 | 1090 | |

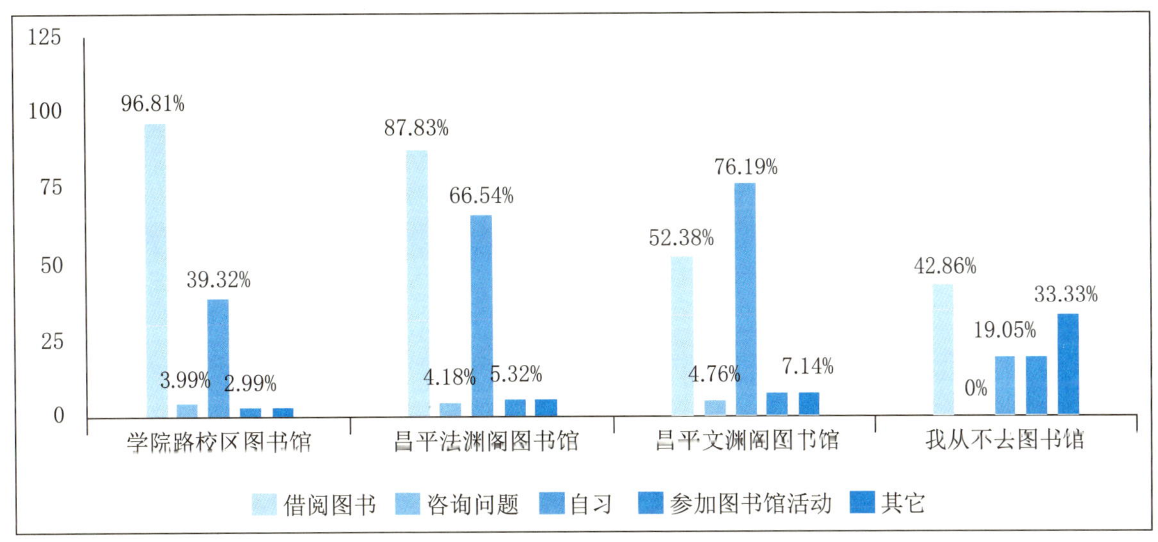


**图 各个分馆的使用情况**

从表格中数据可以看出，图书馆仍然是本校学生借阅图书和自习的主要场所。在来馆的目的中，借阅图书位居第一位（89.72%），自习位居第二位（53.49%）。我校图书馆的文献资源服务得到最大程度的使用。

由于本校有三个图书馆，为进一步了解每个图书馆的使用情况，调查以各个分馆为自变量、目的类型为因变量进行了统计。结果发现，学生将学院路图书馆作为自习选择的仅有39.32%，而昌平校区图书馆（文渊阁76.19%、法渊阁66.54%）的数据达到70%。两个校区的问卷填写数量接近1:1。所以，在提供自习场所功能服务上，学院路图书馆表现较差。

2. 图书馆各项服务使用情况

以下服务，您使用过哪些？ ［多选题］

| 选项 | 小计 | 比例 |
|---|---|---|
| 馆际互借 | 137 | 12.57% |
| 原文传递 | 173 | 15.87% |
| 读者荐购 | 225 | 20.64% |
| 座位预约 | 490 | 44.95% |
| 自助借还 | 815 | 74.77% |

续表

| 选项 | 小计 | 比例 |
|---|---|---|
| 自助复印 | 88 | 8.07% |
| 咨询服务 | 239 | 21.93% |
| 微信公众号服务 | 486 | 44.59% |
| 远程访问 | 292 | 26.79% |
| 赠书服务 | 31 | 2.84% |
| 都未使用过 | 46 | 4.22% |
| 本题有效填写人次 | 1090 | |

在图书馆各项服务中，读者使用率前三的是自助借还（74.77%），座位预约（44.95%）和微信公众号（44.59%）。此外，远程访问和咨询服务分列四、五位。

### （三）宣传推广

1. 图书馆宣传推广渠道

目前，本校图书馆推广服务主要通过图书馆主页和微信公众号。其中使用微信公众号服务的比例为44.59%。

| 题目\选项 | 1 | 2 | 3 | 4 | 5 | 平均分 |
|---|---|---|---|---|---|---|
| 图书馆微信公众号更新推送的内容和频次 | 25（2.29%） | 56（5.14%） | 262（24.04%） | 408（37.43%） | 339（31.1%） | 3.9 |

读者对图书馆微信推送信息的内容和频次的满意度评价仅为3.9。其中，评分为3分及以下的比例为31.47%（2.29%+5.14%+24.04%）。评分为4和5的分别是37.43%和31.1%。从本校师生参与图书馆相关活动情况调查可看出，目前图书馆的活动宣传还有待加强，在校园范围内知名度不高，学生参与度较低，有31.28%学生从未参与图书馆的任何活动。

2. 读者参与图书馆活动情况

您参加过哪些图书馆组织的讲座或活动？ ［多选题］

| 选项 | 小计 | 比例 |
|---|---|---|
| 信息检索相关课程 | 393 | 36.06% |
| 资源与服务专题系列讲座 | 184 | 16.88% |
| 新生培训 | 289 | 26.51% |
| 嵌入式培训课程 | 57 | 5.23% |
| 阅读推广（书展、读书日等） | 219 | 20.09% |
| 其他 | 41 | 3.76% |
| 我从未参加过图书馆的任何活动 | 341 | 31.28% |
| 本题有效填写人次 | 1090 | |

如表格显示，用户对图书馆各项活动参与程度较低，参与程度较高的是信息检索相关课程（36.06%），

其次是新生培训（26.51%）和阅读推广（书展、读书日等）（20.09%），资源与服务专题系列讲座和嵌入式培训课程参与程度都较低。还有接近1/3的用户没有参加过任何图书馆的活动。

### （四）咨询解答

1. 您使用过图书馆的哪些咨询方式？ ［多选题］

| 选项 | 小计 | 比例 |
|---|---|---|
| QQ、微信咨询 | 330 | 30.28% |
| BBS咨询 | 91 | 8.35% |
| 邮箱咨询 | 150 | 13.76% |
| 电话咨询 | 156 | 14.31% |
| 到馆咨询 | 906 | 83.12% |
| 本题有效填写人次 | 1090 | |

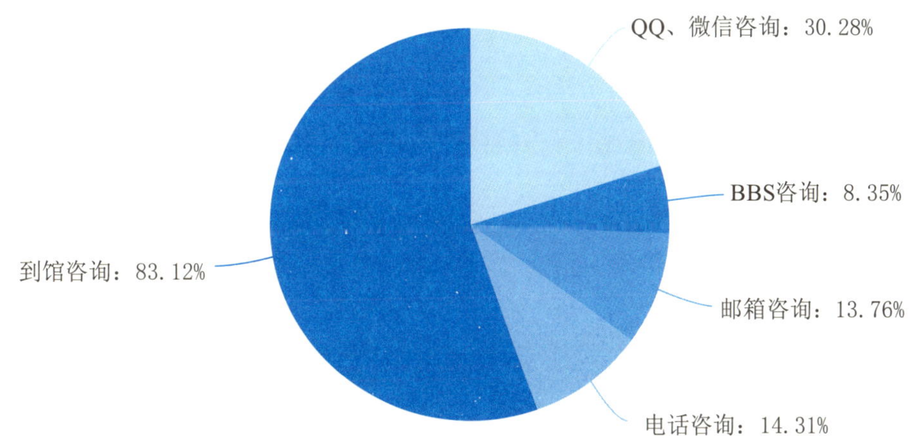


如表格和饼状图显示，在图书馆咨询方式调查中，用户仍然倾向于到馆咨询（83.12%），其次是通过QQ、微信等网络聊天工具进行沟通（30.28%）。电话咨询（14.31%）、邮箱咨询（13.76%）和BBS咨询（8.35%）则不再是用户主要选择的渠道。

2. 对馆员解答的满意度

本校师生对图书馆员解答问题的满意度较高，达到4.16分。而且图书馆能够及时回复读者的批评和建议，评分也达到4.04分。但是在提供个性化需求方面满意度不是很高，仅有3.86分。

**对咨询结果的满意度调查表**

| 题目\选项 | 1 | 2 | 3 | 4 | 5 | 平均分 |
|---|---|---|---|---|---|---|
| 图书馆员能够正确理解读者的问题，具有必要的知识和技能 | 15（1.38%） | 35（3.21%） | 158（14.5%） | 437（40.09%） | 445（40.83%） | 4.16 |
| 图书馆能够及时回复读者的批评和建议并认真改进工作 | 26（2.39%） | 41（3.76%） | 208（19.08%） | 402（36.88%） | 413（37.89%） | 4.04 |
| 图书馆能够关注并理解读者的个性化需求，并提供令人满意的帮助 | 36（3.3%） | 62（5.69%） | 261（23.94%） | 388（35.6%） | 343（31.47%） | 3.86 |

## 五、科学管理

### （一）信息管理

1. 请您对我馆整体服务进行评分：1（表示非常不满意）→5（表示非常满意）

| 题目\选项 | 1 | 2 | 3 | 4 | 5 | 平均分 |
|---|---|---|---|---|---|---|
| 馆藏资源指示标识清晰、明确 | 42（3.85%） | 104（9.54%） | 251（23.03%） | 370（33.94%） | 323（29.63%） | 3.76 |

此调查结果平均分为3.76分，有29.63%的读者对馆藏资源指示标识的清晰和明确表示非常满意，33.94%的读者表示比较满意，有13.39%的读者对此表示不满意。

2. 请您对我馆整体服务进行评分：1（表示非常不满意）→5（表示非常满意）

| 题目\选项 | 1 | 2 | 3 | 4 | 5 | 平均分 |
|---|---|---|---|---|---|---|
| 馆藏资源布局合理 | 46（4.22%） | 105（9.63%） | 282（25.87%） | 376（34.5%） | 281（25.78%） | 3.68 |

此调查结果平均分为3.68分，有25.78%的读者对馆藏资源布局表示非常满意，34.5%的读者表示比较满意，13.85%的读者对此表示不满意。

### （二）服务管理

1. 您能清晰明确地清楚自己所在岗位的工作任务和职责？　［单选题］

| 选项 | 小计 | 比例 |
|---|---|---|
| 非常清楚 | 26 | 76.47% |
| 比较清楚 | 6 | 17.65% |
| 一般清楚 | 2 | 5.88% |
| 不太清楚 | 0 | 0% |
| 完全不清楚 | 0 | 0% |
| 本题有效填写人次 | 34 | |

如表所示，76.47%的馆员对自己的工作内容和职责都了解得非常清楚，17.65%的馆员比较清楚，只有5.88%的馆员了解得一般。

2. 您一般使用哪些途径获得自己所学专业或者所做工作的最新发展动态？　［多选题］

| 选项 | 小计 | 比例 |
|---|---|---|
| 利用图书馆的资源与服务 | 27 | 79.41% |
| 利用网络搜索引擎（百度、谷歌等） | 25 | 73.53% |
| 通过培训、讲座、讨论等形式 | 21 | 61.76% |
| 从导师和同学处获得 | 8 | 23.53% |

续表

| 选项 | 小计 | 比例 |
|---|---|---|
| 其它 | 6 | 17.65% |
| 本题有效填写人次 | 34 | |

馆员通过不同的途径来提升自己的专业技术水平和服务水平，参与调查的馆员中，79.41%的人会利用图书馆的资源与服务，73.53%的人会利用网络搜索引擎（百度、谷歌等），61.76%的人通过培训、讲座、讨论等形式。其余两种方式所占比例较小，不足四分之一。

3. 以下服务，您使用或者从事过哪些？　［多选题］

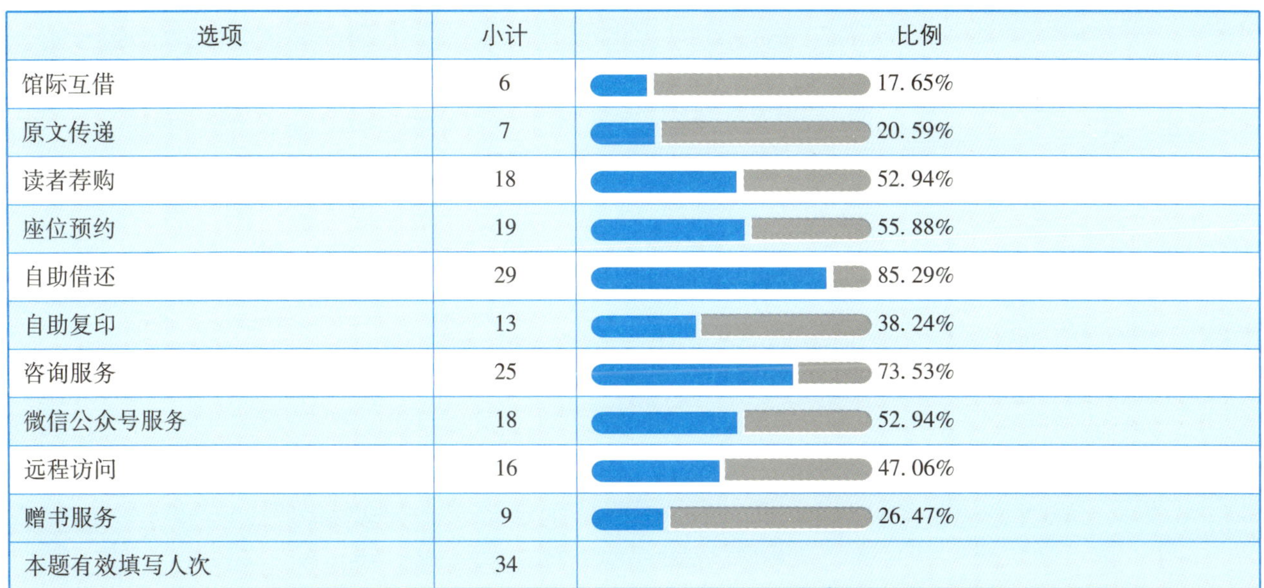

| 选项 | 小计 | 比例 |
|---|---|---|
| 馆际互借 | 6 | 17.65% |
| 原文传递 | 7 | 20.59% |
| 读者荐购 | 18 | 52.94% |
| 座位预约 | 19 | 55.88% |
| 自助借还 | 29 | 85.29% |
| 自助复印 | 13 | 38.24% |
| 咨询服务 | 25 | 73.53% |
| 微信公众号服务 | 18 | 52.94% |
| 远程访问 | 16 | 47.06% |
| 赠书服务 | 9 | 26.47% |
| 本题有效填写人次 | 34 | |

馆员对调查列出的10项服务，都达到了基本了解，其中5项服务的参与和了解百分比达到了50%以上，说明我馆馆员对图书馆业务的熟悉程度和执业能力都达到一定的水平。

4. 您了解图书馆的哪些特色馆藏资源？　［多选题］

| 选项 | 小计 | 比例 |
|---|---|---|
| 政法博硕论文 | 30 | 88.24% |
| 特藏库书籍 | 29 | 85.29% |
| 法大文库 | 31 | 91.18% |
| 中国政法大学政治学参考文献 | 8 | 23.53% |
| 法学文献题录索引 | 10 | 29.41% |
| 中国法律法规大典 | 8 | 23.53% |
| 《法律评论》周刊 | 5 | 14.71% |
| 本题有效填写人次 | 34 | |

特色资源是一个图书馆的立馆之本，通过表格可以看出，参与问卷的馆员更多地了解前三个特色馆

藏资源，均达到85%以上，另外四个了解较少，对比悬殊，说明我馆自身文化教育的推广需要加强。

5. 您参加或者组织过哪些图书馆的讲座或活动？　［多选题］

| 选项 | 小计 | 比例 |
|---|---|---|
| 信息检索相关课程 | 18 | 52. 94% |
| 资源与服务专题系列讲座 | 19 | 55. 88% |
| 新生培训 | 6 | 17. 65% |
| 嵌入式培训课程 | 4 | 11. 76% |
| 阅读推广（书展、读书日等） | 14 | 41. 18% |
| 其它 | 5 | 14. 71% |
| 本题有效填写人次 | 34 | |

图书馆组织的讲座和课程也是馆员提高业务能力和水平的有效途径之一，根据上表，我馆馆员对本馆组织的培训课程和讲座参与程度不高，只有两项超过50%，其余活动的参与程度普遍偏低。

## （三）制度管理

1. 请您对我馆整体服务进行评分：1（表示非常不满意）→5（表示非常满意）

| 题目\选项 | 1 | 2 | 3 | 4 | 5 | 平均分 |
|---|---|---|---|---|---|---|
| 开馆时间安排（内部评价） | 0（0%） | 1（2. 94%） | 1（2. 94%） | 12（35. 29%） | 20（58. 82%） | 4. 5 |
| 开馆时间安排（外部评价） | 56（5. 14%） | 113（10. 37%） | 231（21. 19%） | 388（35. 6%） | 302（27. 71%） | 3. 7 |

通过两个问卷对同一题目的对比可以看出，馆员与读者对开馆制度的评价不一致，馆员对现有的时间安排比较满意，平均分达到4. 5分，58. 82%为非常满意，35. 29%为比较满意，只有5. 88%表示一般满意和不满意。读者对该项评分为3. 7分，27. 71%表示非常满意，35. 6%表示比较满意，21. 19%表示一般满意，15. 51%的人表示不满意。

2. 您认为图书馆的各机构设置是否符合“精简”“效能”的原则？　［单选题］

| 选项 | 小计 | 比例 |
|---|---|---|
| 非常符合 | 8 | 23. 53% |
| 比较符合 | 13 | 38. 24% |
| 一般符合 | 9 | 26. 47% |
| 不太符合 | 4 | 11. 76% |
| 完全不符合 | 0 | 0% |
| 本题有效填写人次 | 34 | |

馆员对馆内制度和机构设置的评价普遍认为符合“精简”“效能”，满意度达到了88. 24%，只有11. 76%的馆员表示不满意。

3. 您或者您的单位是否对在职培训和进修有计划和具体措施？　［单选题］

| 选项 | 小计 | 比例 |
|---|---|---|
| 自己有 | 7 | 20.59% |
| 单位有 | 11 | 32.35% |
| 两者都有 | 9 | 26.47% |
| 两者都没有 | 7 | 20.59% |
| 本题有效填写人次 | 34 | |

馆员的在职培训和进修是提高馆员业务服务水平和专业技能的重要制度，通过调查发现，馆员个人有计划地进行在职培训和进修的占20.59%，了解单位有计划地培训馆员的占32.35%，个人和单位都有在职培训和进修计划的占26.47%，认为个人和单位都没有在职培训和进修计划的占20.59%。

# 第三部分　原因分析

## 一、办馆条件

### （一）图书馆基础设施方面存在问题的原因

（1）环境亟待改善。读者主要反映的图书馆基础设施存在的问题集中在通风、空气、光线等环境问题方面。主要由于学院路的图书馆处于地下，整体的通风、采光无法与地上图书馆相比，亟待改善。昌平校区图书馆的卫生间问题突出，说明清洁人员巡视和清洁的频率有待加强。

（2）自习座位数量供不应求。学院路校区图书馆和昌平校区图书馆的自习座位资源紧张，部分读者在图书馆的楼梯或者走廊自习，这种现象在期末复习期间尤其严重。一方面是因为图书馆的空间和座位数量有限，另一方面是图书馆使用座位预约系统后，管理员对座位巡视不够，没有及时释放读者离开超时的座位以尽快服务有需要的读者，这方面的服务有待加强。

### （二）图书馆空间设计方面存在问题的原因

（1）图书馆空间利用观念落后。图书馆目前对空间利用的观念和模式比较传统，对空间功能考虑不足。更专注于藏书功能和基本自习功能，没有开发更多的研讨空间为读者提供服务。这也说明图书馆的服务理念需要改进，需要先进的服务观念体现在空间利用中。

（2）图书馆作为重点消防安全单位，需要保留足够的空间来防患突发灾情，这就需要在保证消防安全的前提下，更加高效地利用闲置空间为读者服务。

### （三）图书馆配套设施方面存在问题的原因

图书馆的自助借还设备、座位预约设备以及检索电脑等，使用量比较大，尤其是检索电脑，使用的年代较久，损坏与故障的频率就比较高。一方面是由于日常的巡查力度不够，另一方面是设备的维护需要一定的周期，另外，部分同学的不当使用也会造成设备的损坏。

有读者提出图书馆增加饮水设备的需求，主要集中在学院路校区的读者，这需要图书馆与学校有关部门协调，对馆内设施进行调整和增加。

## 二、文献资源建设

### （一）纸质文献的保障利用方面问题存在的原因

（1）图书馆非法学类书籍数量不足。我馆采购纸本图书首先以法学专业的学术研究型书籍为主，辅之以教材、教学参考书等。近年来逐步丰富图书种类，在保证法学专业图书采购的基础上，也增加采购其他专业的图书，但是从总馆藏量的比例来看，数量还是相对较少。

（2）图书的复本量不足。近年来图书馆采购的原则为增加图书种数、减少复本量，即在保证采购总数的前提下，增加读者能够阅读到的图书种类，因此复本量不会增多。

（3）荐购图书到书慢和图书不够前沿。由于图书采购存在周期，以及大批量购买和个体购买的程序差异较大，造成了部分读者荐购的图书到书慢，以及最新学术前沿的图书到书、上架迟缓。

（4）馆藏图书查找不到的问题。学院路校区图书馆设置了新书专架，新书会首先在新书专架上供读者阅览，之后才会进入分类指定区域。图书馆日常管理的巡查力度不够，导致部分图书乱架，读者在指定架位寻找时就会找不到。另外，部分读者的不良阅读习惯，乱拿乱放图书，也会造成查找不到图书的情况产生。

### （二）电子文献的更新和利用方面存在问题的原因

（1）数据库资源不足，希望购买更多的跨学科特别是跨理科和工科的文献数据库的问题。由于图书馆电子资源采购的程序比较严格，需要广泛地进行信息采集、开通试用、技术支持，并对试用效果及效益进行评议，准备合同等一系列流程。数字资源牵涉的经费较高，购买跨学科的小众数据库，需要进行多方调研，了解读者的具体需求，并且与数据库商洽谈，才能逐步进行。

（2）纸本图书不足，希望增加电子书的问题。电子图书的购买也涉及采购预算、受众人群、使用平台、图书的选取等问题，并且由于图书馆整体经费的限制，只能缓步推进。

### （三）纸质和电子文献的使用存在问题的原因

（1）图书馆宣传推广力度不够。图书馆网站上虽然设有新书到馆专栏，并且不时开展书展等读书推广活动，以及开设信息检索类课程和定期开展数据库知识讲座。但是总体的宣传效果不佳，读者对图书馆的信息更新获取不及时，对图书馆活动的参与度也不够。主要原因在于图书馆在纸质资源和电子资源的宣传推广方面，宣传内容不够新颖丰富；宣传方式比较单一；宣传力度不够大；宣传覆盖面不够广泛；各部门合作也不够协调，需要完善部门合力推进图书馆资源宣传推广的制度。

（2）图书馆对读者进行文献资源的使用指导不到位。调查中很多读者反映的问题，都是因为对图书馆的馆藏不够了解，对图书的分布、分类及排架都不了解，数据库使用不熟练等引发的。说明我馆在新生入馆教育、日常对用户的信息素养培养教育等工作，还很欠缺，可以对用户采取奖励机制，鼓励用户参与图书馆的文献信息检索、馆藏资源布局、图书分类方法、借阅服务内容等的学习和培训。

## 三、网络化与数字化建设

### （一）网络效率方面存在问题的原因

用户设备接入网络存在问题，影响用户使用网络的效率和体验。网络越稳定、网络带宽越大、网络负载越小，上网体验越流畅。用户设备存在问题，影响网络连接效率。设备硬件配置低、后台运行程序较多、设置代理服务器、网卡不正常、域名解析错误等均有可能影响用户的上网体验。部分用户访问数据库速度慢，可能的原因是用户使用的浏览器对数据库支持度低。不同数据库商对不同浏览器的支持程度不同，用户选择的浏览器，如果数据库不支持，会影响用户对该数据库的使用。

### （二）远程访问方面存在问题的原因

（1）用户不了解远程访问，不清楚远程访问使用方法。我馆大力推广宣传远程访问，分别在图书馆网页上的交流互动部分设置了“远程访问”一级目录，以及在“读者服务”一栏设置了“远程访问”二级目录，方便读者通过不同的入口了解、使用远程访问服务。但收效欠佳，了解并使用的用户数量较少，缺乏更加直观的演示从而使读者更好地了解、便捷使用远程访问服务的方法。另外，远程访问服务对本科生没有开放，因此调查结果中超过半数的受访用户对图书馆的远程服务不了解，也影响了远程访问服务效果的全面调查统计。

（2）远程访问的使用方式不够便捷，影响了用户的使用选择。用户首次登录远程访问时所需配置较为复杂。远程访问的安装和首次使用较为复杂，影响了用户的使用体验。首次使用网页登录时需安装 Java 控件和“VPN Client Software”插件。远程访问功能的启动依赖于 JAVA 控件，windows 操作系统自带 IE 浏览器本身具备 JAVA 控件无需处理，而 MAC 操作系统自带 Safari 浏览器不具备 JAVA 控件，需用户自行下载 JAVA 控件并安装。不同浏览器对 JAVA 控件的支持度不同，用户使用网页登录时对浏览器有要求。“VPN Client Software”插件下载时因无下载情况提示，使得用户无法获知插件下载情况，长时间的等待可能会给用户带来“死机”假象。这因用户设备、浏览器、接入网络情况不同而不同，大约几分钟到十几分钟不等。首次使用 MotionPro 客户端登录时，需下载、安装、配置 MotionPro 客户端，需用户自行确认所用设备系统信息，下载与设备相对应的 MotionPro 客户端。

（3）用户使用远程访问无法正常访问数据库。我校公网 IP 更新，我馆未及时获得 IP 更新信息，未与数据库商联系更新 IP。我馆需将学校公网 IP 地址提供给数据库商，IP 属于我校 IP 地址的用户可正常访问并免费下载资源。我校公网 IP 地址随着网络运营商提供服务的变化可能发生变化，当我馆未及时获得 IP 更新信息时会造成使用新公网 IP 访问数据库的用户无法正常访问。

（4）系统本身的设计原因。我校远程访问用户有并发数限制，为保证资源能够充分利用，系统设定对于成功登录远程访问但在 30 分钟内无任何有效操作的用户，强制该用户下线，释放远程访问资源，该用户如想继续使用远程访问，需重新登录。设置浏览器关闭远程访问自动退出机制。使用网页登录时，当用户关闭浏览器，出于安全机制考虑，系统将强制该用户下线，释放远程访问资源，该用户如想继续使用远程访问，需重新登录。

### （三）系统建设与维护方面存在问题的原因

（1）图书馆方面的原因。图书馆网页的设计需要考虑整体服务需求，因此部分服务的说明介绍会出现不够全面和完善的情况。座位预约系统的设计主要是为了方便全体用户快速、有效地选择座位，防止图书馆拥堵的情况发生，缩短读者用户排队时间，因此一定程度上缺乏对特定群体的个性化需求的考虑。由于不同年级的学生读者的需求层次不同，应当考虑区分。图书馆的自助借还系统、座位预约系统都是招标采购的系统，出现故障时需要公司的工程师上门服务，维修需要周期。

（2）用户方面的原因。用户对座位预约系统不熟悉、操作慢的现实影响系统发挥效果。部分用户对图书馆系统操作使用不当，也会引发故障，影响用户使用体验。

## 四、读者服务

### （一）信息检索课程和数据库讲座的时间安排需调整。

图书馆的信息检索课程和数据库知识讲座多安排在周二、周三，与学校各大热门专业课的安排时间重复，很多读者对课程、讲座的热情很高，但是现实的取舍影响了他们的参与频率，也影响了图书馆服务的宣传推广。

### （二）图书馆对读者的个性化需求关注不够。

现阶段图书馆更注重普遍性服务，能够正确理解读者的问题，具备良好的专业技能，能够及时回复读者的批评建议并改进工作，但是缺乏对读者个性化需求的了解、获取和解决。图书馆的服务理念和重点应当向个性化定制服务迈进。

### （三）图书馆与读者互动程度低。

图书馆没有针对用户的具体需求进行调研，举办的活动与用户的专业需求联系不紧密，无法吸引读者参加。图书馆需要树立良好的受用户尊重的形象，不仅要切实提供优质的服务，还要对图书馆内的不文明行为进行有效地制止，这样自尊自重地与读者用户进行互动，才能够让用户真正对图书馆尊重起来。

## 五、科学管理

### （一）信息管理存在问题的原因

馆藏资源指示标识以及馆藏资源布局受学院路馆的办馆条件所限，馆里制作大幅导览图贴在图书馆入口处以及书库出入口，且提供若干可以手持的小幅导览图供不熟悉馆藏分布的读者使用，但笔者也经常遇到部分读者走错通道的情况，多发生在每年开学新生入学后，此种情况在昌平馆和学院路馆均有发生。

### （二）服务管理存在问题的原因

受学院路校区办馆条件所限，图书馆的设施与环境仅有49.24%的读者对此表示满意或比较满意，需要注意的是此满意率还包括了对条件相对占优势的昌平校区图书馆的评价，因此我们期望学院路正在建设的新馆能够给读者一个全新的图书馆感受。

### （三）制度管理存在问题的原因

开馆时间方面有一小部分同学希望可以延长或开设通宵自习室，有这方面需求的同学大部分为有考研需求和公务员、司法考试需求的同学。

# 第四部分　总结建议

## 一、办馆条件

（1）努力推进新图书馆的投入使用，积极营造舒适、良好、怡人、智慧、现代化的图书馆环境。对用户反映较多的通风、光照、卫生间、插座等问题，及时地予以解决，对灯光昏暗、不利于用户阅读学习的区域，及时与后勤部门协调，增设台灯或者顶灯等光照设施。在自习座位上，增加安全插座供读者使用。要求图书馆保洁人员加大巡视和清洁力度，保证卫生间的整洁和正常使用。

（2）加强基础设施建设，关注新环境下的用户新需求，科学合理调整空间布局，积极开拓新的服务内容。新时代背景下的学习形式多样，读者的需求也更加向个性化、多元化方向发展，针对读者用户需求的变化，图书馆要打破传统服务的观念壁垒，更加科学地规划和调整空间布局和服务内容。加强馆舍空间利用，如建立联排软包座椅；在书架两边设置可收起的弹簧座椅；在保证消防安全的前提下，学院路校区增加自习空间。人性化图书馆的外在环境，营造图书馆的和谐的内在人文环境，创设在图书馆引领下的书香校园环境。图书馆内增设摆放鲜花和绿色植物来增强室内环境的美感和亲切感，可通过展览、绘画、雕塑、音乐等艺术形式所具有的人文内涵，烘托出图书馆的人文氛围，在潜移默化中达到增强其人文气息的目的。划分不同的功能区，合理分配空间，开设有声读书区域、讨论区或讨论室，可提供通宵自习室和单人自习室等。增设休闲区域，增加休闲设施，设置售卖机、咖啡厅等提供餐饮、点心，多提供舒服的沙发软座等。

（3）完善图书馆设备维修应急反应制度，加强巡视与管理，增加读者保修渠道，以便及时获知故障信息并加以维修，保证读者使用。对于我馆使用频率较高的自助借还设备、座位预约设备、电脑检索设备等，图书馆应加强巡视管理和日常维护，与设备维护工程师建立应急维修机制，灵活、有效地保证读者正常享受服务。

## 二、文献资源建设

（1）优化资源结构，丰富文献资源种类，建立多元化的合作机制，实现优势互补。在图书馆长远规划中，图书种类会越来越丰富，在总经费不变的前提下，图书的复本量不会增加。这就需要图书馆广泛了解用户的阅读需求，与电子书数据库商进行洽谈，用电子书阅读的方式弥补复本量不足造成的读者借阅不到的缺憾。部分小众电子数据库是个别学院教学科研需要的，但耗资不小，为满足这部分用户的需求，图书馆可以和这些学院在资金和资源上合作共享，共同出资共建共享，完善图书馆的服务。

（2）加强对用户的馆藏资源的宣传推广和使用指导，增加与读者的交流互动，了解读者的需求，更好地为读者服务。部分用户提出增加新书推荐的宣传，图书馆可以在不同平台，图书馆主页、图书馆微信公众号进行新书到馆的宣传，以便用户及时了解信息。加强提高用户的文献检索和使用技能，增加数据库资源的宣传和使用的培训指导，让用户更加了解图书馆资源的使用方法。建立学科馆员为用户进行私人定制服务的机制，深入了解用户需求，打造个人专属图书馆的服务模式。

（3）完善图书馆资源管理制度和借阅制度，清晰图书排架信息，方便读者更好地享受图书馆的服务。图书馆引入 RFID（Radio Frequency Identification，即射频识别）技术，可以精确在馆的每一本图书的位置信息，使读者在最快速度内查找到所需图书。充分利用大数据平台，通过分析借阅数据，筛查僵尸书，除旧更新，调整馆藏结构，对馆藏资源统筹规划，合理布局，为读者打造便捷的阅览环境。针对不同借阅需求的用户，可调整借阅的数量和期限，具体用户具体对待。

（4）丰富赠书途径和形式，设计图书馆智能图书荐购小程序，设立自助爱心捐赠柜并且招募捐赠志愿者。对于广大零散捐赠群体，设立“捐书专用台”，由志愿者向读者发放捐赠荣誉证书；我馆馆员集中筛选藏书，将赠书中的重复馆藏资源放入漂流架。图书馆定期举办“法大闲置图书跳蚤市场”，组织图书馆与读者之间、读者与读者之间互赠交换闲置书籍，主动宣传推广闲置图书漂流架，增强文献资源利用率，增进图书馆与读者的沟通交流，还可以与出版机构对接，建立长期的规范化赠书机制，扩充馆藏资源。通过设计智能图书荐购小程序，完善荐购信息，添加 ISBN 号及读者手机号，设置馆藏图书自动查重功能，以便及时沟通、指导读者使用馆藏资源。

## 三、网络化与数字化建设

（1）推出图书馆系统操作可视化教程，增加视频教学，循环播放，让读者有面对面教学说明的直观体验。随着图书馆用户群体的不断扩大，年龄、专业、个性特点的不断丰富，传统、单一的宣传推广和说明指导方式已经不再能满足他们的需求。在图书馆网页上，设计“愉悦式”标签来体现图书馆的规章制度、业务服务、办馆建议等，增加读者的兴趣和接受度。同时图书馆各项服务的操作系统应采用更加多样化的使用指导模式，来让用户学习使用。图书馆可以制作远程访问、座位预约等系统的视频使用指南，定期在图书馆主页、图书馆微信公众号进行循环播放和内容推送，帮助用户学习和掌握使用方法，指导的语言和形式应当更加贴近用户的生活方式和习惯，让他们更容易接受和掌握。

（2）积极推进远程访问 MotionPro 用户端的使用，让用户体验更加便捷的访问方式。用户由于下载文档或者阅读使用习惯的影响，更倾向于使用网页版远程访问，但与网页登录相比，MotionPro 客户端的安装、配置均较为简单，无需安装控件和插件，登录操作更为方便，对浏览器无要求，登录成功后可使用任意浏览器访问数据库。可以改进通过手机下载的文档的阅读体验和使用方式，促进用户更多地通过 MotionPro 客户端方式登录远程访问。

（3）加强与学校网络部门联系合作，维护图书馆网络稳定。我校校园网千兆带宽，远比家庭网络、公共场所的公共网络带宽大很多，网络访问体验好。如果用户使用便携式移动设备，无论是远程访问首次访问相关控件、插件安装，还是图书馆座位预约系统的使用等，在校园网环境下完成都是比较顺利的。图书馆也应加强与学校信息办的联系和合作，及时获取 IP 地址变更信息，为用户提供一个更加便捷、流畅的网络环境。

（4）开放本科生远程访问权限。随着学校教学科研互联网化程度的不断提高，本科生对图书馆远程访问服务的需求也变大了，图书馆应当认识到这一用户群体的需求，针对他们的需要开放远程访问服务，使校内更多的用户了解图书馆的网络服务内容，扩大网络服务的影响，同时收获更多的用户使用反馈，去不断改进完善网络服务。

## 四、读者服务

（1）进一步提高宣传推广力度，提高资源与服务的读者知晓度、利用率，将读者服务落到实处。如图书馆每年举办的各类教学培训讲座，问卷数据中仅有 22.48%是通过这一方式来了解图书馆电子资源使用方法，更多的是请教自己熟悉的师生、到馆内咨询以及自学。读者作为一个庞大的群体，在年龄、学科、身份、兴趣爱好等各方面存在差异，图书馆宣传推广工作可将读者细分，针对其特点以及对不同媒体渠道的敏感度使用不同宣传策略。宣传形式与内容须贴近读者的生活习惯，适应当代大学生的语言体系和情感体系，注重特色化、多样化、深度化，以突出其实用性、服务性与协同性。

（2）加强图书馆的个性化服务。读者的个性化服务需求越来越多，要求越来越高，随着图书馆普遍性服务与读者个性化需求之间矛盾的加深，图书馆需要解决普遍性服务中存在的不足。通过大数据，分析读者的需求，优化馆藏资源，拓展服务内容，适度满足读者的个性化服务需求。整合参考咨询平台，对现有的多种参考咨询渠道进行整合，集中人力与精力提供高效率、高满意度的咨询服务，并定期整理高频咨询问题公开发布，减少读者重复咨询。加强读者互动的规范性，及时准确掌握读者的意见，从信息反馈中了解读者需求，采取措施及时弥补或完善图书馆服务中存在的不足。

（3）提高图书馆软服务，拓展服务途径。图书馆在开展工作的过程中应当营造一个以人为本、读者至上的人文关怀下的人文环境，建议工作人员微笑服务、真诚待人，可以设立一些爱心服务站，提高图书馆软服务，给广大服务者家的感受；设置自助购买文具的“诚信柜”，营造便利图书馆；此外，积极开展阅读推广活动，在图书馆开展阅读沙龙、讨论会等；还可以和出版社、青年作家进行合作，在图书馆中设立独立区域，引进三联等吸引读者的出版社，定期展览书籍，宣传畅销书，不断创新阅读推广的形式，以吸引读者关注，增加图书利用率。

### 五、科学管理

（1）加强馆舍建设，利用新的通讯方式和读者有效沟通学习。在录取通知书中增加图书馆推广资料，设置图书馆公众号二维码，在新生入学时，推广图书馆的公众号，让读者对图书馆有一个初步的了解，至少了解馆藏资源的布局，以及有哪些馆藏资源，能够享受哪些资源和服务。学院路在建设新馆后，要把读者对一个向往中的图书馆描述考虑进来，尽量营造出一个适合学习和读书的舒适人文环境。

（2）定期对馆员进行培训，加强馆员对各个岗位职责和内容的了解。图书馆应当打破部门之间的壁垒，加强各部门的联系沟通，全面加强馆员在职业务培训和长期进修计划的完善，定期邀请校内外专家来给馆员讲座，派遣馆员外出学习图书馆新的管理方式及管理制度，为图书馆服务功能再造打下坚实的基础。

（3）增加图书馆人才培养专项资金。人才是图书馆服务不断发展的有力保证，在图书馆的资金使用计划中，应当单独设立人才培养专项资金，专门用于馆员培训、外出学习、聘请专家等，将图书馆吸收、录用的各专业人才与图书馆的服务需要更好地融合到一起，发挥他们的专业技能，创新图书馆的服务。

（4）在图书馆岗位设置中，对新发展的突出岗位，可设置专人专岗。随着图书馆服务的不断发展，服务内容的丰富，会出现一些创新的岗位，图书馆可以在这类型的岗位设置专人负责，方便管理和精细化业务。比如随着阅读推广服务的重要性不断凸显，图书馆可增设阅读推广岗位，派专人负责，工作效果可以定期请专家评估、提供建议。

（5）科学、全面地制定开闭馆制度。对开馆闭馆时间，要全方面考虑，既考虑到用户的需求的变化，也要考虑到教职工的上下班安全和通勤时间，作出全方位的考量。

## 第五部分　结　语

图书馆学第五定律揭示“图书馆是一个生长着的有机体”，随着时代的变化，科学技术水平的不断提高，信息资源的不断丰富，用户需求的变化发展，图书馆的功能也会随之不断地变化发展。作为高校文献资源中心和学术科研机构，大学图书馆为高校的教学科研提供服务和支持，将“用户需求”放在第一位，大力发展文献资源建设，提升馆员的科研服务水平，将服务模式从普遍性服务向个性化服务转变，全面提高图书馆的综合实力和服务水平。

本次问卷的调查对象和问题设计较为全面，对全校用户的需求及其对图书馆服务的满意度做了一个比较深入的了解。由于工作人员和普通读者存在的职业差异性，分别设计了对内和对外两套问卷，更加丰富了样本数据的来源，也收获了许多用户的宝贵意见和建议。图书馆将针对用户的个性化需求，在环境、资源、系统、服务、管理方面进行积极的改进和调整，切实提高用户的满意度，向用户理想的图书馆迈进。

由于本次问卷是图书馆第一次对用户进行满意度的调查，为了对全校用户的评价都能了解，问题的设计覆盖面比较广，但是在问题的深度上难免顾及不到。对不同用户的分层抽样也没有规划，仅是根据回收的问卷结果进行了分析。未来我们将不断努力完善问卷的设计，长期、持续性地把用户满意度调查问卷工作做下去，使用户调查对图书馆的工作更加具有指导意义，更好地提升图书馆的服务水平。

## 附件 1：

### 用户满意度调查问卷（对外）

亲爱的老师、同学：

您好！在我校奋力推进世界一流法学学科、世界一流大学建设的新时代，提高图书馆为我校教学科研服务的水平势在必行。为了充分了解我校师生对图书馆服务的满意情况，中国政法大学图书馆青年创新团队课题组设计了这份调查问卷。这份问卷对图书馆提升自身服务水平有着重要的指导意义。问卷共有 26 题，需要时间 2 分钟，我们希望您可以认真填写，使我们可以充分了解用户感受。本次问卷仅作为科研使用，你所提供的一切信息，我们绝对保密，谢谢合作！

1. 请问您是？

A. 博士研究生

B. 硕士研究生

C. 本科生

D. 教师

E. 行政工作人员

F. 专业技术人员

2. 您所在的学院（部门）是____________。

3. 您所学的专业是？

A. 法学

B. 政治学

C. 管理学

D. 哲学

E. 社会学

F. 外国语

G. 经济学

H. 其它______

4. 在一个月内，您来图书馆的频率是？

A. 0 次

B. 1~5 次

C. 5~10 次

D. 10~20 次

E. 20 次以上

5. 您经常去哪个图书馆？

A. 学院路校区图书馆

B. 昌平法渊阁图书馆

C. 昌平文渊阁图书馆

D. 我从不去图书馆

6. 您来图书馆的目的是?

A. 借阅图书

B. 咨询问题

C. 自习

D. 参加图书馆活动

E. 其它____________

7. 以下服务，您使用过哪些?（可多选）

A. 馆际互借

B. 原文传递

C. 读者荐购

D. 座位预约

E. 自助借还

F. 自助复印

G. 咨询服务

H. 微信公众号服务

I. 远程访问

J. 赠书服务

8. 您每学期大约从图书馆借阅多少图书?

A. 基本不借阅

B. 5~10 册

C. 10~20 册

D. 20~30 册

E. 30 册以上

9. 您经常会借阅哪种书刊?（可多选）

A. 教学参考书

B. 学习指导书

C. 学术专著

D. 考试用书

E. 知识拓展类图书

F. 娱乐性图书

G. 其它______________

10. 如果您想要借阅的图书有纸质版和电子版，您更愿意借阅?

A. 纸质版　　B. 电子版

11. 当图书馆资源无法满足您的需求时，您会通过哪些方式解决?（可多选）

A. 原文传递与馆际互借

B. 资源荐购

C. 找其他学校同学帮忙

D. 自行购买

E. 放弃，寻找其它可替代资源

12. 您了解哪些图书荐购方式？（可多选）

A. 电话荐购

B. 现场荐购

C. OPAC（书目检索系统）征订目录荐购

D. 网页登录“我的图书馆”荐购

E. 邮箱荐购

13. 您了解图书馆的哪些特色馆藏资源？（可多选）

A. 政法博硕论文

B. 特藏库书籍

C. 法大文库

D. 中国政法大学政治学参考文献

E. 法学文献题录索引

F. 中国法律法规大典

G.《法律评论》周刊

H. 不了解图书馆的特色馆藏

14. 您通常利用以下哪些方式了解图书馆电子资源使用方法？（可多选）

A. 咨询图书馆老师

B. 请教自己熟悉的老师或同学

C. 通过图书馆举办的教学培训类讲座

D. 从图书馆网站上下载使用教程或培训课件

E. 其它______________

15. 您经常使用以下哪些电子资源获取所需资料？（可多选）

A. 知网、万方等综合类期刊数据库

B. 北大法宝、Westlaw 等法律类数据库

C. 中华数字书苑、Myilibrary、JSTOR 等电子书数据库

D. 新东方网络课程、知识视界等多媒体数据库

16. 以下这些行为，您认为哪些属于恶意下载行为？（可多选）

A. 使用任何智能下载工具下载图书馆购买的电子资源

B. 连续、系统、集中、批量地下载文献

C. 将所获得的文献提供给非我校人员进行非法牟利

D. 未经学校网络中心的允许，私自设置相应的代理服务器

17. 您使用过图书馆的哪些咨询方式？（可多选）

A. QQ、微信咨询

B. BBS 咨询

C. 邮箱咨询
D. 电话咨询
E. 到馆咨询
18. 您一般使用哪些途径获得自己所学专业的最新发展动态？（可多选）
A. 利用图书馆的资源与服务
B. 利用网络搜索引擎（百度、谷歌等）
C. 通过培训、讲座、讨论等形式
D. 从导师和同学处获得
E. 其它______________
19. 您参加过哪些图书馆组织的讲座或活动？（可多选）
A. 信息检索相关课程
B. 资源与服务专题系列讲座
C. 新生培训
D. 嵌入式培训课程
E. 阅读推广（书展、读书日等）
F. 其它______________
G. 我从未参加过图书馆的任何活动
20. 您使用过图书馆远程访问服务吗？（如选择 B、C，请跳过 21、22 题）
A. 用过
B. 没用过
C. 不知道远程访问是什么
21. 您是通过什么渠道知道远程访问的？（可多选）
A. 图书馆主页介绍
B. 同学、同事、朋友介绍
C. 图书馆老师介绍
D. 其它________
22. 您更喜欢通过哪种方式进行远程访问？
A. 网页版：上图书馆网站，点击远程访问登录
B. MotionPro 客户端：安装了 MotionPro 客户端，通过 MotionPro 登录
23. 不喜欢另一种登录方式的原因是什么？（可多选）
A. 需要安装 JAVA
B. 需要安装插件
C. 对浏览器有使用限制
D. 需要安装客户端
E. 不知道什么是 MotionPro 客户端
24. 请您对我馆整体服务进行评分：1（表示非常不满意）→5（表示非常满意）

| | 1 | 2 | 3 | 4 | 5 |
|---|---|---|---|---|---|
| 图书馆整体服务水平 | ○ | ○ | ○ | ○ | ○ |
| 图书馆员能够正确理解读者的问题，具有必要的知识和技能 | ○ | ○ | ○ | ○ | ○ |
| 图书馆能够及时回复读者的批评和建议并认真改进工作 | ○ | ○ | ○ | ○ | ○ |
| 图书馆能够关注并理解读者的个性化需求，并提供令人满意的帮助 | ○ | ○ | ○ | ○ | ○ |
| 图书馆的设施与环境 | ○ | ○ | ○ | ○ | ○ |
| 馆藏资源指示标识清晰、明确 | ○ | ○ | ○ | ○ | ○ |
| 馆藏资源布局合理 | ○ | ○ | ○ | ○ | ○ |
| 开馆时间安排 | ○ | ○ | ○ | ○ | ○ |
| 图书馆自助借还服务便捷、高效 | ○ | ○ | ○ | ○ | ○ |
| 图书馆纸本资源的数量 | ○ | ○ | ○ | ○ | ○ |
| 图书馆电子资源的数量 | ○ | ○ | ○ | ○ | ○ |
| 图书馆纸本、电子资源全面 | ○ | ○ | ○ | ○ | ○ |
| 图书馆纸本、电子资源与学校教学科研、学生学习的结合紧密 | ○ | ○ | ○ | ○ | ○ |
| 图书馆现有资源结构（各种资源所占比例）合理 | ○ | ○ | ○ | ○ | ○ |
| 图书馆的馆藏书目检索结果的准确度 | ○ | ○ | ○ | ○ | ○ |
| 图书馆微信公众号更新推送的内容和频次 | ○ | ○ | ○ | ○ | ○ |
| 图书馆讲座、课程的安排以及对您学习和科研的帮助 | ○ | ○ | ○ | ○ | ○ |
| 图书馆的网站设计、网络速度 | ○ | ○ | ○ | ○ | ○ |
| 图书馆现有的远程访问 | ○ | ○ | ○ | ○ | ○ |

25. 您最希望图书馆改进的服务项目是

________________________________

26. 您可以描述一下心中最好的图书馆是什么样子吗？这样让我们有一个努力的方向，谢谢您的配合。

________________________________

## 附件2：

### 用户满意度调查问卷（对内）

1. 您认为图书馆的各机构设置是否符合“精简”“效能”的原则？

A. 符合　B. 比较符合　C. 一般符合　D. 不太符合　E. 完全不符合

2. 您认为您所在的部室负责人工作是否称职？

A. 称职　　B. 比较称职　　C. 一般称职　　D. 不太称职　　E. 完全不称职

3. 您能清晰明确地清楚自己所在岗位的工作任务和职责？

A. 清楚　　B. 比较清楚　　C. 一般清楚　　D. 不太清楚　　E. 完全不清楚

4. 您或者您的单位是否对在职培训和进修有计划和具体措施？

A. 自己有　B. 单位有　　C. 两者都有　　D. 两者都无

5. 图书馆能够为馆员创造学习环境，提供教育机会来提高学术水平和工作效率？

A. 非常满意 B. 满意 C. 一般 D. 不满意 E. 非常不满意

6. 您一般使用哪些途径获得自己所学专业的最新发展动态？（可多选）

A. 利用图书馆的资源与服务

B. 利用网络搜索引擎（百度、谷歌等）

C. 通过培训、讲座、讨论等形式

D. 从导师和同学处获得

E. 其他____________

7. 您参加过哪些图书馆组织的讲座或活动？（可多选）

A. 信息检索相关课程

B. 资源与服务专题系列讲座

C. 新生培训

D. 嵌入式培训课程

E. 阅读推广（书展、读书日等）

F. 其他____________

8. 以下服务，您使用过哪些？（可多选）

A. 馆际互借

B. 原文传递

C. 读者荐购

D. 座位预约

E. 自助借还

F. 自助复印

G. 咨询服务

H. 微信公众号服务

I. 远程访问

J. 赠书服务

9. 如果您想要借阅的图书有纸质版和电子版，您更愿意借阅？

A. 纸质版　　B. 电子版

10. 当图书馆资源无法满足你的需求时，你会通过哪些方式解决？

A. 原文传递与馆际互借

B. 资源荐购

C. 找其他学校同学帮忙

D. 自行购买

E. 放弃，寻找其他可替代资源

11. 您了解哪些图书荐购方式？（可多选）

A. 电话荐购

B. 现场荐购

C. OPAC（书目检索系统）征订目录荐购

D. 网页登录“我的图书馆”荐购

E. 邮箱荐购

12. 您会经常使用本馆的哪些电子资源获取所需资料？（可多选）

A. 知网、万方等综合类期刊数据库

B. 北大法宝、Westlaw 等法律类数据库

C. 中华数字书苑、Myilibrary、JSTOR 等电子书数据库

D. 新东方网络课程、知识视界等多媒体数据库

E. 我没用过本馆的电子资源

13. 您了解图书馆的哪些特色馆藏资源？（可多选）

A. 政法博硕论文

B. 特藏库书籍

C. 法大文库

D. 中国政法大学政治学参考文献

E. 法学文献题录索引

F. 中国法律法规大典

G.《法律评论》周刊

14. 您更喜欢通过哪种方式进行远程访问？

A. 网页版：上图书馆网站，点击远程访问登录

B. MotionPro 客户端：安装了 MotionPro 客户端，通过 MotionPro 登录

15. 不喜欢另一种登录方式的原因是什么？（可多选）

A. 需要安装 JAVA

B. 需要安装插件

C. 对浏览器有使用限制

D. 需要安装客户端

E. 不知道什么是 MotionPro 客户端

16. 您是否有接触过其他高校的远程访问系统？

A. 没接触过

B. 接触过，和我校的远程访问差不多

C. 接触过，我校的远程访问比较好用

D. 接触过，比我校的远程访问好用，该高校是：__________

17. 请您对我馆整体服务进行评分：1（表示非常不满意）→5（表示非常满意）

| | 1 | 2 | 3 | 4 | 5 |
|---|---|---|---|---|---|
| 图书馆整体服务水平 | ○ | ○ | ○ | ○ | ○ |
| 图书馆员能够正确理解读者的问题，具有必要的知识和技能 | ○ | ○ | ○ | ○ | ○ |
| 图书馆能够及时回复读者的批评和建议并认真改进工作 | ○ | ○ | ○ | ○ | ○ |
| 图书馆能够关注并理解读者的个性化需求，并提供令人满意的帮助 | ○ | ○ | ○ | ○ | ○ |
| 图书馆的设施与环境 | ○ | ○ | ○ | ○ | ○ |
| 馆藏资源指示标识清晰、明确 | ○ | ○ | ○ | ○ | ○ |
| 馆藏资源布局合理 | ○ | ○ | ○ | ○ | ○ |
| 开馆时间安排 | ○ | ○ | ○ | ○ | ○ |
| 图书馆自助借还服务便捷、高效 | ○ | ○ | ○ | ○ | ○ |
| 图书馆纸本资源的数量 | ○ | ○ | ○ | ○ | ○ |
| 图书馆电子资源的数量 | ○ | ○ | ○ | ○ | ○ |
| 图书馆纸本、电子资源全面 | ○ | ○ | ○ | ○ | ○ |
| 图书馆纸本、电子资源与学校教学科研、学生学习的结合紧密 | ○ | ○ | ○ | ○ | ○ |
| 图书馆现有资源结构（各种资源所占比例）合理 | ○ | ○ | ○ | ○ | ○ |
| 图书馆的馆藏书目检索结果的准确度 | ○ | ○ | ○ | ○ | ○ |
| 图书馆微信公众号更新推送的内容和频次 | ○ | ○ | ○ | ○ | ○ |
| 图书馆讲座、课程的安排以及对您学习和科研的帮助 | ○ | ○ | ○ | ○ | ○ |
| 图书馆的网站设计、网络速度 | ○ | ○ | ○ | ○ | ○ |
| 图书馆现有的远程访问 | ○ | ○ | ○ | ○ | ○ |

18. 您现在工作中遇到的难题是

______________________________

19. 您最希望图书馆改进的服务项目是

______________________________

20. 您可以描述一下心中最好的图书馆是什么样子并愿意为之努力的方向吗？谢谢您的配合。

______________________________

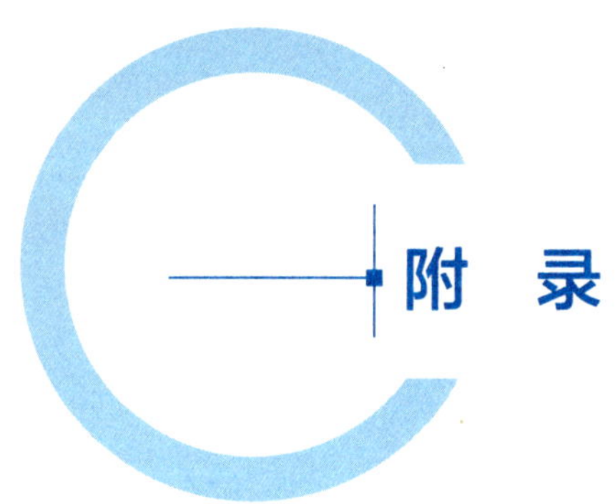


# 附录一：信息素养调查问卷

## 信息素养调查问卷

亲爱的老师、同学：

您好！在我校奋力推进世界一流法学学科、世界一流大学建设的新时代，提高图书馆为我校教学科研服务的水平势在必行。为了充分了解我校师生在信息意识、信息获取能力、信息知识与信息道德等方面的情况，中国政法大学图书馆青年创新团队课题组设计了这份调查问卷，并以此作为提升图书馆资源与服务水平的参考。问卷共有13题，需要时间2分钟，我们希望您可以认真填写，使我们可以充分了解用户的情况。本次问卷仅作为科研使用，你所提供的一切信息，我们绝对保密，谢谢合作！

用户类型：学生：1. 博士（ ） 2. 硕士（ ） 3. 本科生（ ）

教师（ ）

工作人员：1. 行政人员（ ）2. 专业技术人员（ ）

所在学院/部门：________ 专业：________

1. 以下服务，您使用过哪些？（可多选）

A. 馆际互借

B. 原文传递

C. 读者荐购

D. 座位预约

E. 自助借还

F. 自助复印

G. 咨询服务

H. 微信公众号服务

I. 远程访问

J. 赠书服务

2. 您使用过图书馆的哪些咨询方式？（可多选）

A. QQ、微信咨询

B. BBS 咨询

C. 邮箱咨询

D. 电话咨询

E. 到馆咨询

3. 您使用过图书馆远程访问服务吗？

A. 用过

B. 没用过

C. 不知道远程访问是什么

4. 您是通过什么渠道知道远程访问的？（可多选）

A. 图书馆主页介绍

B. 同学、同事、朋友介绍

C. 图书馆老师介绍

D. 其它________

5. 当图书馆资源无法满足您的需求时，您会通过哪些方式解决？（可多选）

A. 原文传递与馆际互借

B. 资源荐购

C. 找其他学校同学帮忙

D. 自行购买

E. 放弃，寻找其它可替代资源

6. 您通常利用以下哪些方式了解图书馆电子资源使用方法？（可多选）

A. 咨询图书馆老师

B. 请教自己熟悉的老师或同学

C. 通过图书馆举办的教学培训类讲座

D. 从图书馆网站上下载使用教程或培训课件

E. 其它____________

7. 您参加过哪些图书馆组织的讲座或活动？（可多选）

A. 信息检索相关课程

B. 资源与服务专题系列讲座

C. 新生培训

D. 嵌入式培训课程

E. 阅读推广（书展、读书日等）

F. 其它____________

G. 我从未参加过图书馆的任何活动

8. 您经常使用以下哪些电子资源获取所需资料？（可多选）

A. 知网、万方等综合类期刊数据库

B. 北大法宝、Westlaw 等法律类数据库

C. 中华数字书苑、Myilibrary、JSTOR 等电子书数据库

D. 新东方网络课程、知识视界等多媒体数据库

9. 您一般使用哪些途径获得自己所学专业的最新发展动态？（可多选）

A. 利用图书馆的资源与服务

B. 利用网络搜索引擎（百度、谷歌等）

C. 通过培训、讲座、讨论等形式

D. 从导师和同学处获得

E. 其它____________

10. 以下这些行为，您认为哪些属于恶意下载行为？（可多选）

A. 使用任何智能下载工具下载图书馆购买的电子资源

B. 连续、系统、集中、批量地下载文献

C. 将所获得的文献提供给非我校人员进行非法牟利

D. 未经学校网络中心的允许，私自设置相应的代理服务器

11. 请您对我馆整体服务进行评分：1（表示非常不满意）→5（表示非常满意）

| | 1 | 2 | 3 | 4 | 5 |
|---|---|---|---|---|---|
| 图书馆整体服务水平 | ○ | ○ | ○ | ○ | ○ |
| 图书馆员能够正确理解读者的问题，具有必要的知识和技能 | ○ | ○ | ○ | ○ | ○ |
| 图书馆能够及时回复读者的批评和建议并认真改进工作 | ○ | ○ | ○ | ○ | ○ |
| 图书馆能够关注并理解读者的个性化需求，并提供令人满意的帮助 | ○ | ○ | ○ | ○ | ○ |
| 图书馆的设施与环境 | ○ | ○ | ○ | ○ | ○ |
| 馆藏资源指示标识清晰、明确 | ○ | ○ | ○ | ○ | ○ |
| 馆藏资源布局合理 | ○ | ○ | ○ | ○ | ○ |
| 开馆时间安排 | ○ | ○ | ○ | ○ | ○ |
| 图书馆自助借还服务便捷、高效 | ○ | ○ | ○ | ○ | ○ |
| 图书馆纸本资源的数量 | ○ | ○ | ○ | ○ | ○ |
| 图书馆电子资源的数量 | ○ | ○ | ○ | ○ | ○ |
| 图书馆纸本、电子资源全面 | ○ | ○ | ○ | ○ | ○ |
| 图书馆纸本、电子资源与学校教学科研、学生学习的结合紧密 | ○ | ○ | ○ | ○ | ○ |
| 图书馆现有资源结构（各种资源所占比例）合理 | ○ | ○ | ○ | ○ | ○ |
| 图书馆的馆藏书目检索结果的准确度 | ○ | ○ | ○ | ○ | ○ |
| 图书馆微信公众号更新推送的内容和频次 | ○ | ○ | ○ | ○ | ○ |
| 图书馆讲座、课程的安排以及对您学习和科研的帮助 | ○ | ○ | ○ | ○ | ○ |

续表

| | 1 | 2 | 3 | 4 | 5 |
|---|---|---|---|---|---|
| 图书馆的网站设计、网络速度 | ○ | ○ | ○ | ○ | ○ |
| 图书馆现有的远程访问 | ○ | ○ | ○ | ○ | ○ |

12. 您最希望图书馆改进的服务项目是

______________________________

13. 您可以描述一下心中最好的图书馆是什么样子吗？这样让我们有一个努力的方向，谢谢您的配合。

______________________________

## 附录二：信息素养调查流程

| 时间 | 内容 |
|---|---|
| 2017. 9. 25～2017. 9. 30 | 讨论信息素养与人才培养过程质量分析报告的数据获取方式，最后确定采用问卷调查的方式 |
| 2017. 10. 1～2017. 10. 25 | 调研信息素养的内涵、评判标准以及表现形式等，为我们设计调查问卷提供理论依据 |
| 2017. 10. 26～2017. 11. 23 | 设计调查问卷，从信息意识、信息能力、信息道德等方面思考研究与之对应的题目，经过一系列的讨论、修改、筛选，最终确定了13道题组成的调查问卷 |
| 2017. 11. 24～2017. 12. 24 | 形成电子版的调查问卷，并对其进行宣传推广，最终收回1090份问卷 |
| 2017. 12. 25～2018. 1. 3 | 调查结果的整理与分析，最终以图表示例、文字说明等方式完成对问卷结果的分析 |
| 2018. 1. 3～2018. 1. 7 | 形成信息素养与人才培养过程质量分析报告 |

## 附　录

**图书馆服务及网址链接**

| 服务 | 网址链接 |
|---|---|
| 书目检索系统 | http://202. 205. 72. 204：8080/opac/search. php |
| 远程访问 | http://library. cupl. edu. cn/info/1033/1166. htm |
| 自助借还 | http://library. cupl. edu. cn/info/1112/1603. htm |
| 座位管理系统 | http://library. cupl. edu. cn/info/1112/1472. htm |
| 自助文印 | http://library. cupl. edu. cn/info/1112/1473. htm |
| 阅读记忆 | http://202. 205. 72. 218：8080/LibMemory/jsp/login. jsp |